빛그림 1

*사진 및 그림, 글씨는 오흥국 시인이 제공하였습니다.

빛그림 1

초판 1쇄 발행 2025년 9월 30일

지은이 | 오흥국
만든이 | 이한나
펴낸이 | 이영규
펴낸곳 | 도서출판 그린아이

등록 연월일 | 2003. 12. 02.
등록 번호 | 제2-3893호
주소 | 서울특별시 은평구 녹번로 6-11, 201호
전화 | 02)355-3035   팩스 | 031)965-4679
이메일 | gmh2269@hanmail.net

ⓒ오흥국, 2025

책값은 뒤표지에 있습니다.
잘못 만들어진 책은 바꾸어 드립니다.
무단 전재 및 복제를 금합니다.

ISBN 979-11-91376-59-3(03810)

빛그림 1

오흥국 시집

그린아이

작가의 말

'스무 살 시절의 꿈'을 잊지 않도록

'내가 아는 이'들과 '선물'로 나누게 하시고

'빛그림 詩畵展'으로 '보여주기'까지 하시니

모두가 하나님 은혜입니다.

세상을 통하여 보여주시는

아름다운 '빛그림' 기대하며 쉬지 않고 그려갑니다.

오직, 감사함으로.

"하나님이 이르시되 빛이 있으라 하시니 빛이 있었고
빛이 하나님이 보시기에 좋았더라"
(창1:3-4)

차 례

작가의 말 • 5

제1부
무던한 사람

무던한 사람 • 12
가을 편지 • 13
세월 탓 • 14
荊棘(형극)의 길 • 15
동무 생각 • 16
부부의 연 • 17
시듦에 대하여 • 18
달과 여인 • 19
고아 • 20
웃음 • 21
봄의 길목에서 • 22
꽃 나그네 • 23
기다려 • 24
국민행복지수 • 25
가는 2월에게 • 26
간헐천 • 27

제2부
더부살이

더부살이 * 30
엄마 생각 * 31
달의 눈물 * 32
급한 마음 * 33
그리운 얼굴 * 34
질투 * 35
내가 보고 싶은 하늘 * 36
사랑의 손길 * 37
그리움 * 38
3월의 고백 * 39
접붙임 * 40
나이 먹고 난 후에 * 41
그래, 아직은 * 42
나무 아래서 * 43

차례

제3부
꽃이라서 좋다

꽃이라서 좋다 • 46
詩人의 9월 • 47
봄소식 • 48
시월의 꽃잔치 • 49
간절한 소망 • 50
꽃의 자리 • 51
그리는 마음 • 52
나도 모르게 • 53
꽃은 • 54
참나리 • 55
산당화 戀書 • 56
꽃과 女人 • 57
인동처럼 • 58
거미와 이슬 • 59
해당화 • 60
落花 • 61

제4부
참 좋은 사람

참 좋은 사람 • 64
추어탕집에서 • 65
그를 기리며 지금 이 순간 • 66
내가 아는 이 • 67
우리 엄마 맘속을 열어보면 • 68
詩人의 삶 • 69
단감 단상 • 70
생명 • 71
눈 어두운 詩人의 집에는 • 72
겨울에 물든 봄 • 73
두 마음 • 74
오늘 의미 • 75
용서하는 마음 • 76
문제 앞에서 아들에게 • 77
달팽이 • 78
난 알아요 • 79
눈 어두운 이는 • 80
내가 좋아하는 詩人 • 81

차례

제5부
여백

아이들처럼 · 84
어느 날 문득 · 85
빛그림 · 86
나무는 · 87
보고픈 얼굴 · 88
버들강아지 · 89
여백 · 90
도배공 누이 · 91
詩는 짧게 · 92
靜寂(정적) · 93
기대 · 94
달팽이 식당 · 95
세상이 알 수 없는 아름다운 이야기 · 96
自由, 眞理 · 97
봄봄에서 · 98
하늘과 바다는 쌍둥이 · 99

작품 평설 끊임없이 일하고 사람을 사랑하고 성취하고
이상을 추구하는 무던한 시인 _ 김홍식 (시인, 문학평론가) · 101

제1부

무던한 사람

오 시인은 "무던한 사람을 사랑한다"고 했다.
무던한 사람의 사전적 의미는
"성질이 너그럽고 수더분한 사람이다"라고 정의하고 있다.
유의어로는 "너그럽다, 넉넉하다, 수수하다"란 말도 있다.
"내 주위에 있는 모든 사람이 무던한 사람이었으면
좋겠다"는 생각을 갖게 하는 시다.

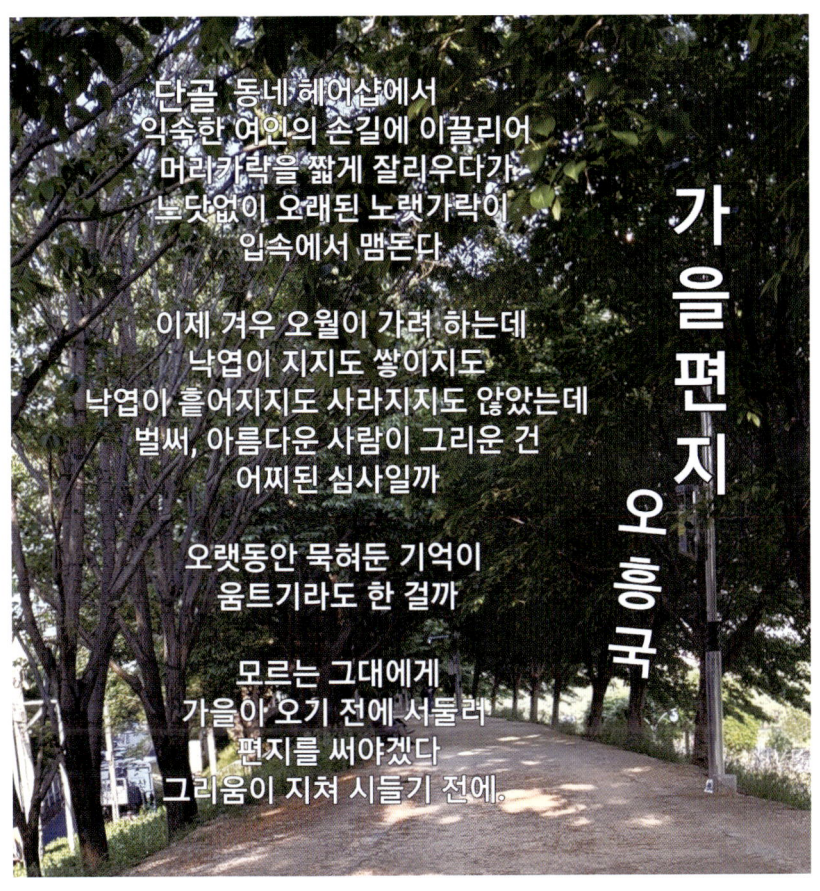

가을 편지
오흥국

단골 동네 헤어샵에서
익숙한 여인의 손길에 이끌리어
머리카락을 짧게 잘리우다가
느닷없이 오래된 노랫가락이
입속에서 맴돈다

이제 겨우 오월이 가려 하는데
낙엽이 지지도 쌓이지도
낙엽이 흩어지지도 사라지지도 않았는데
벌써, 아름다운 사람이 그리운 건
어찌된 심사일까

오랫동안 묵혀둔 기억이
움트기라도 한 걸까

모르는 그대에게
가을이 오기 전에 서둘러
편지를 써야겠다
그리움이 지쳐 시들기 전에.

아름다운 사람은 늘 그리운 법이다.
오흥국 시인은 그리움이 시들기 전에
그리운 사람에게 편지를 써야겠다고 했다.
「행복론」과 「잠 못 이루는 밤을 위하여」를 쓴 칼 힐티의 말이다.
"인생의 가장 행복한 시간은
그리운 사람을 위해 편지를 쓸 때다."라고 했다.

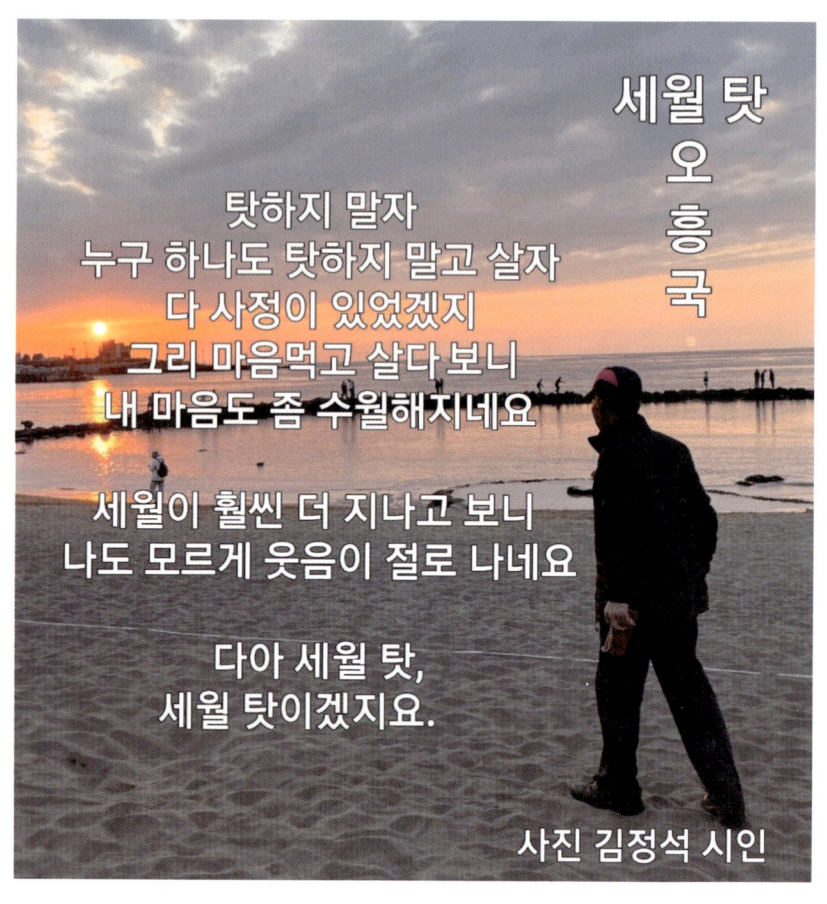

사람은 일생을 살면서 탓하는 경우가 더러 있다.
한마디로 말하면 "너 때문에"다.
이것을 '탓'이라 한다.
카톨릭에서는 미사 속에 반드시 "내 탓이오"를 세 번 반복한다.
알고 보면 그렇다.
모두가 내 탓이다.

荊棘(형극)의 길

오흥국

아니 갈걸 그랬다
마지못해 따라나선 길
차라리 가던 발걸음 되돌릴걸 그랬다

마음에도 없는
끝가는 데도 알 수 없는
십자가 지고 가야하는
살얼음판 언덕길

여태도
눈 지그시 감고 두 손 모은다
오늘도 무사히.

오 시인은 "십자가의 길"을 가리켜
"살얼음판 언덕길"로 표현했다.
그 길은 "형극의 길" 즉 가시밭길이며
괴로움과 어려움을 의미하는 길이다.
그는 담담하게 표현한다.
"눈 지그시 감고 두 손 모은다"고.

'동무'란 정겨운 언어를 우리는 오랫동안 사용하지 못했다.

이념 때문이다.

정겨운 어휘 '동무'

이 동무를 회복할 때가 온 것 같다.

"동무 동무 씨동무, 보리가 나도록 씨동무…."

이 정겨운 어휘 '동무'를 회복하자.

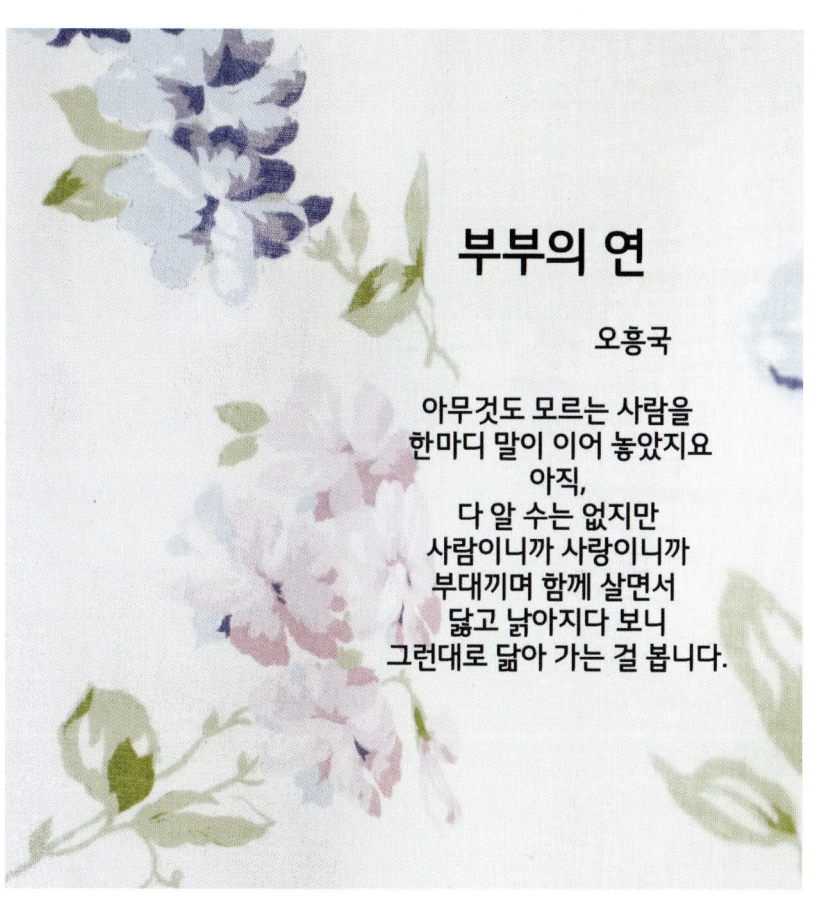

"사람이니까, 사랑이니까 닳고 낡아지다 보니
그런대로 닮아가는 걸 봅니다"
부부는 그렇다. 함께 살다 보니 서로 닮는 것 같다.
만인의 '원'이 있다.
그것은 행복이다. 그 행복은 멀리 있지 않다.
가장 가까운 곳에 있다.
연으로 맺어진 부부도 그렇다.

이 땅의 모든 사물은 그렇다.
피었다 지고, 태어났다 떠나가고.
한 세대는 가고 한 세대는 오는 법이다.

이 땅에 살고 있는 사람은 모두 그렇다.
자기의 길을 간다.
나도 그렇다.
나의 길을 가야 한다.

고아 / 오흥국

이 땅에 살았던 모든 사람들은 다 떠나갔다.
슬기로운 사람은 희망을 추구하는 사람이다.

행복은 거창한 것이 아닙니다.
높은 곳에 있는 것도 아닙니다.
히죽이 웃는 웃음 속에 행복이 있습니다.

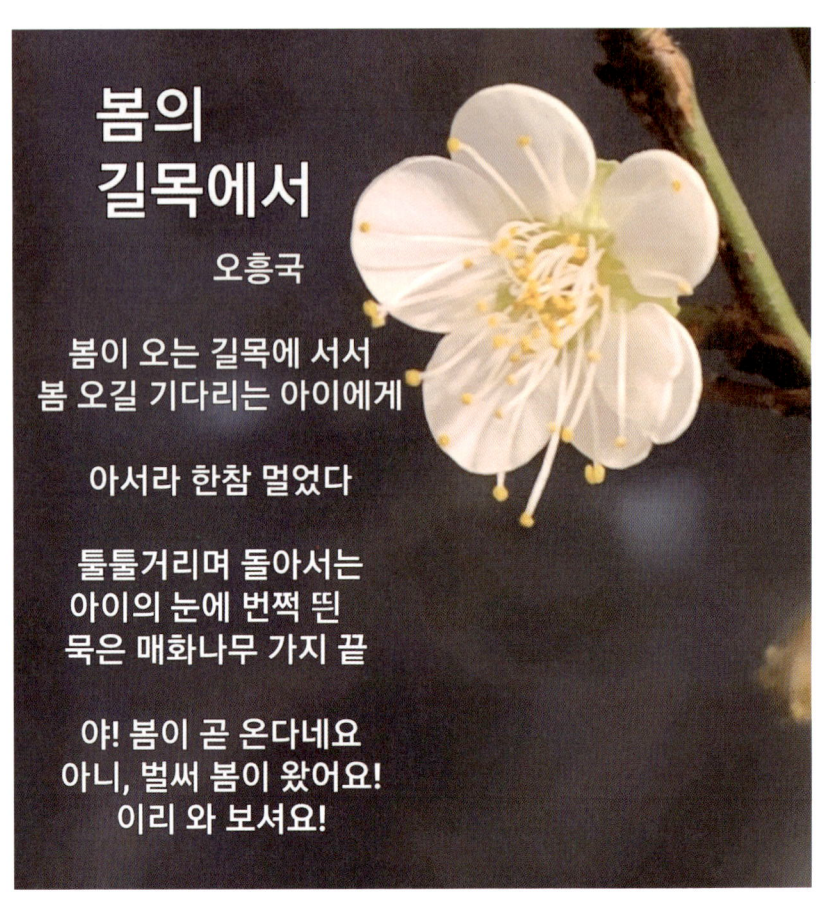

봄의 길목에서

오흥국

봄이 오는 길목에 서서
봄 오길 기다리는 아이에게

아서라 한참 멀었다

툴툴거리며 돌아서는
아이의 눈에 번쩍 띈
묶은 매화나무 가지 끝

야! 봄이 곧 온다네요
아니, 벌써 봄이 왔어요!
이리 와 보셔요!

매화가 피면 봄이 온다는 증거다.
찬바람 속에서도 눈비 속에서도
매화는 늘 꽃 피울 준비를 한다.

꽃과 향기를 의인화한 직품이다.
꽃은 피어서 향기를 발한다.
우리 삶도 그래야 한다.

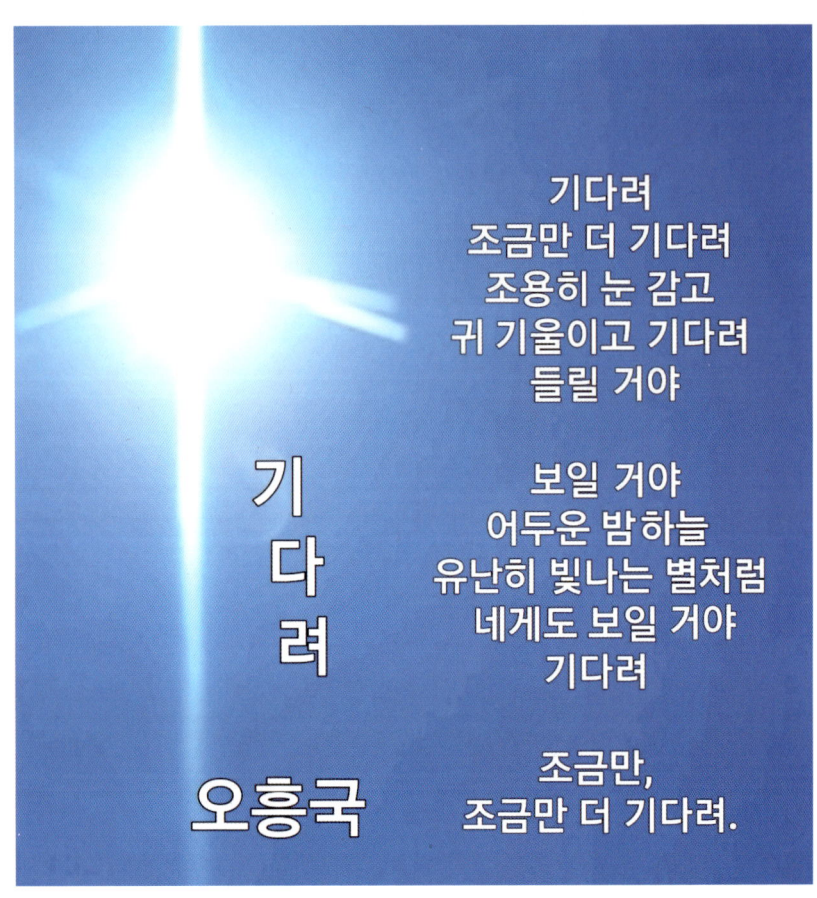

기다림의 묘미를 잘 살린 시다.
3연 12행의 서정을 기다림에 담았다.
우리 삶도 기다림이다.

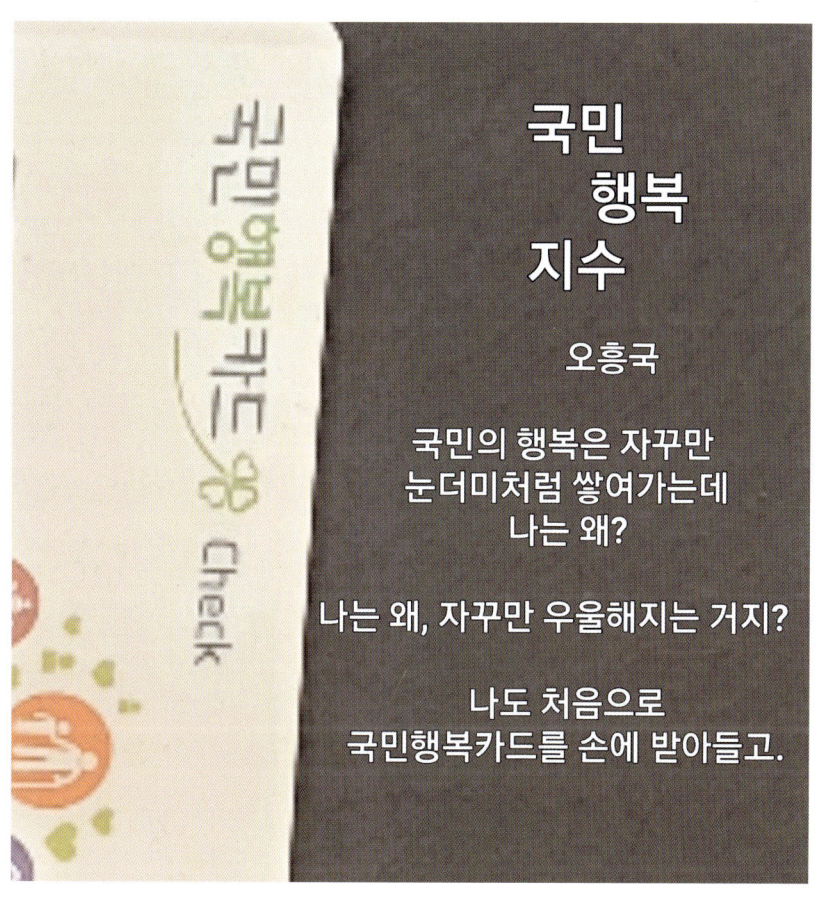

국민
행복
지수

오흥국

국민의 행복은 자꾸만
눈더미처럼 쌓여가는데
나는 왜?

나는 왜, 자꾸만 우울해지는 거지?

나도 처음으로
국민행복카드를 손에 받아들고.

국민행복카드를 받았다.
희망의 노래를 읊자.
남이 내 삶을 살아주지 않기 때문이다.

3연 13행의 위트 넘치는 자유시다.
가는 2월에게
"춘삼월 꽃샘추위는 산봉우리에 매달아 놓고 오라고…"

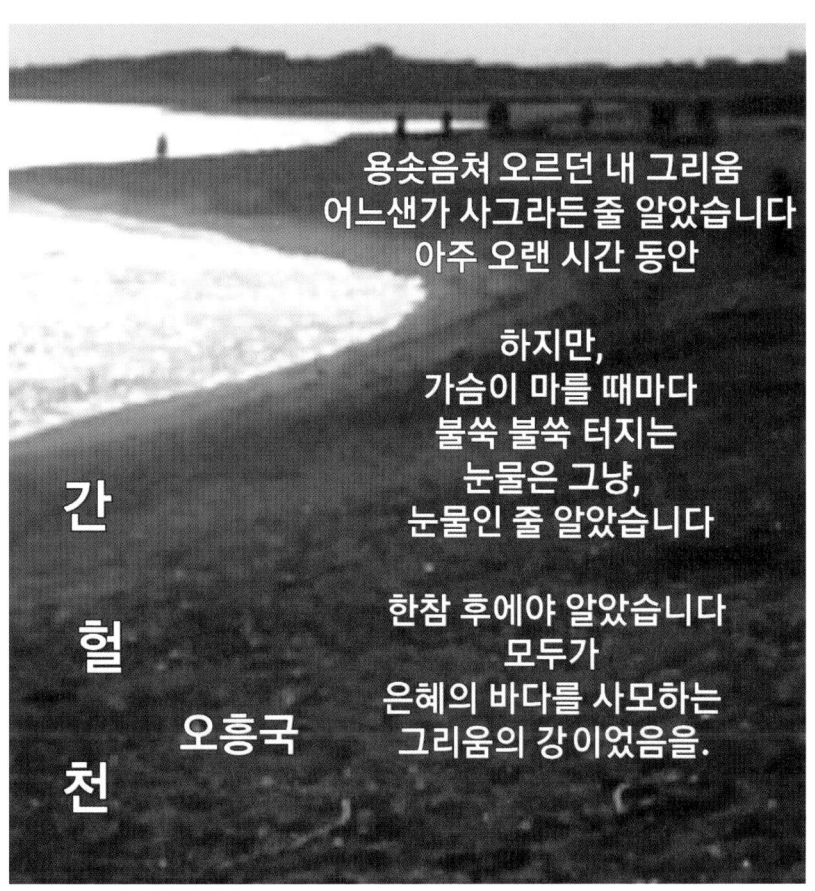

간헐천

오흥국

용솟음쳐 오르던 내 그리움
어느샌가 사그라든 줄 알았습니다
아주 오랜 시간 동안

하지만,
가슴이 마를 때마다
불쑥 불쑥 터지는
눈물은 그냥,
눈물인 줄 알았습니다

한참 후에야 알았습니다
모두가
은혜의 바다를 사모하는
그리움의 강이었음을.

희망 신앙이 된 3연 12행의 자유 시다.
눈물은 그냥 눈물이 아니라
은혜의 바다를 사모하는 그리움의 강임을…

제2부

더부살이

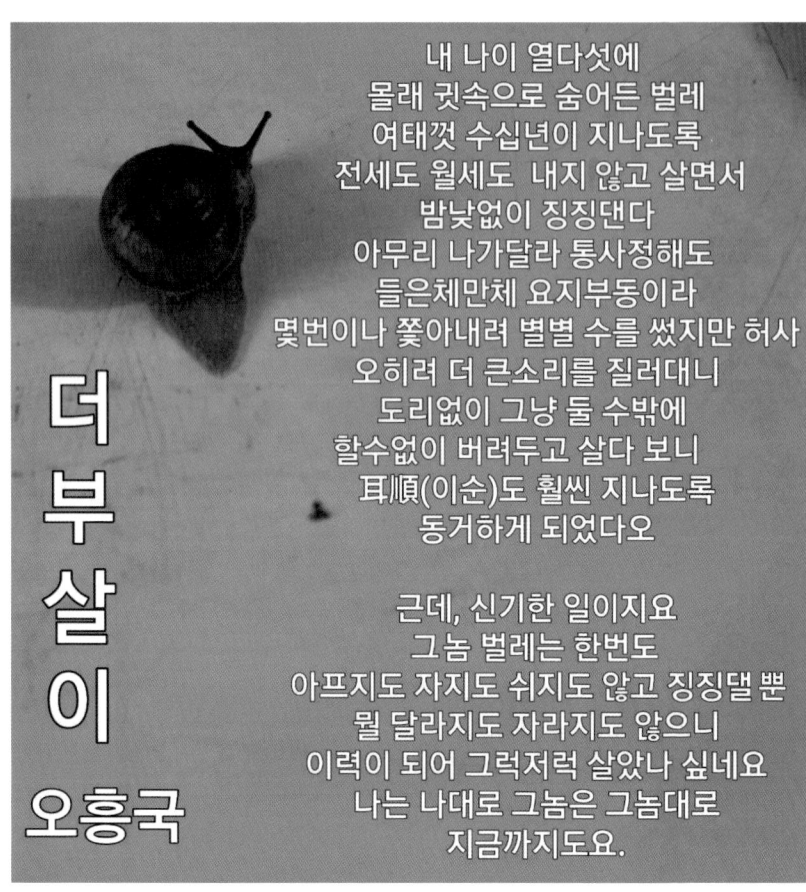

더부살이

오흥국

내 나이 열다섯에
몰래 귓속으로 숨어든 벌레
여태껏 수십년이 지나도록
전세도 월세도 내지 않고 살면서
밤낮없이 징징댄다
아무리 나가달라 통사정해도
들은체만체 요지부동이라
몇번이나 쫓아내려 별별 수를 썼지만 허사
오히려 더 큰소리를 질러대니
도리없이 그냥 둘 수밖에
할수없이 버려두고 살다 보니
耳順(이순)도 훨씬 지나도록
동거하게 되었다오

근데, 신기한 일이지요
그놈 벌레는 한번도
아프지도 자지도 쉬지도 않고 징징댈 뿐
뭘 달라지도 자라지도 않으니
이력이 되어 그럭저럭 살았나 싶네요
나는 나대로 그놈은 그놈대로
지금까지도요.

인생은 혼자 사는 것이 아니다.
빈손으로 가는 허망한 과정이 아니다.
가치를 만들면서 함께 살아가는 것이다.
타고르의 시집 『기탄잘리』에 나오는 노래의 구절 같은 시다.
나는 혼자가 아니다….

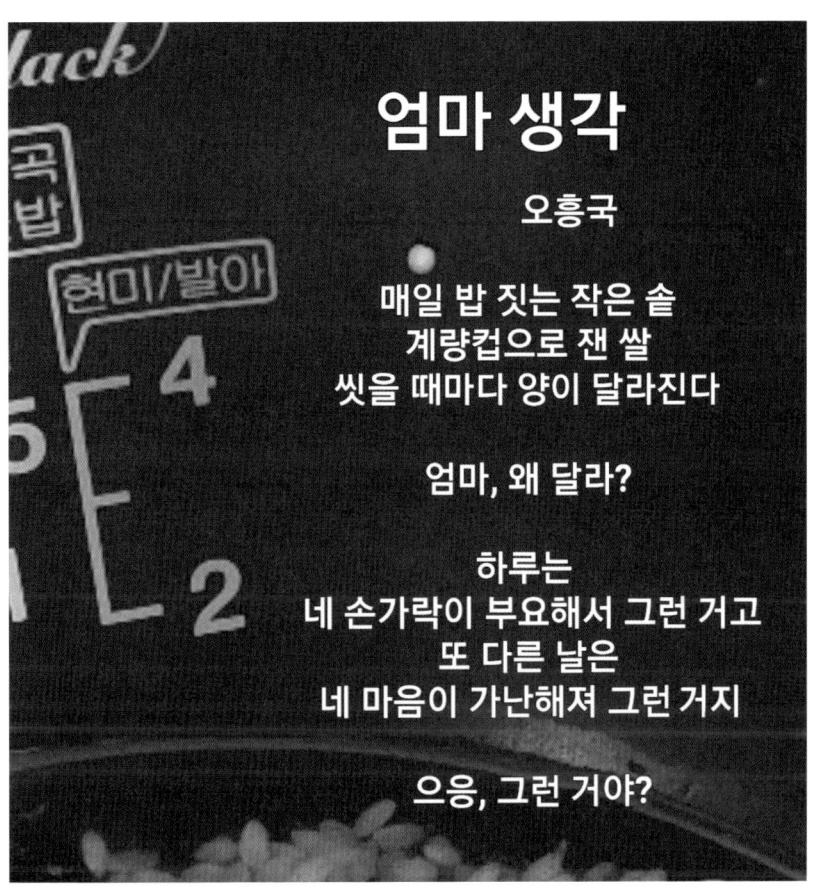

엄마의 생애는 만용이 없다.
엄마는 자녀가 부요하길 바라고
자신은 점차로 가난해져 간다.

달의 눈물
오흥국

주르륵 또르륵
찌그러진 양은 주전자에서
아직 남은 막걸리가 따르어진다
뿌옇게 일그러진 달이 되어

춤추는 그림자의 술잔에도
노인이 건지다 만 바다에도
그대의 숨겨진 눈에도

흘러 넘친다
뜨거운 달의 눈물이 되어.

찌그러진 양은 주전자, 따르어지는 막걸리, 춤추는 그림자의 술잔 등의 어휘가 주는 의미를 픽션적으로 정리했다.

"긴 긴 여름 지나고 가을에 다다랐는데
마음은 벌써 한겨울이다."
시인의 현실적 심상을 정리한 시다.
시인이 할 일은 현실의 자각을 촉구시켜
각성의 삶을 지향해 나가는 것이다.

그리운 얼굴을 가진 사람은 행복한 사람이다.

그리운 얼굴을 가진 사람은 빙그레 웃을 수 있는 사람이다.

그리운 사람이 없는 사람은

화초가 없는 사막과 같은 사람이다.

그리운 사람이 있다는 것은

진정한 행복을 가진 사람이다.

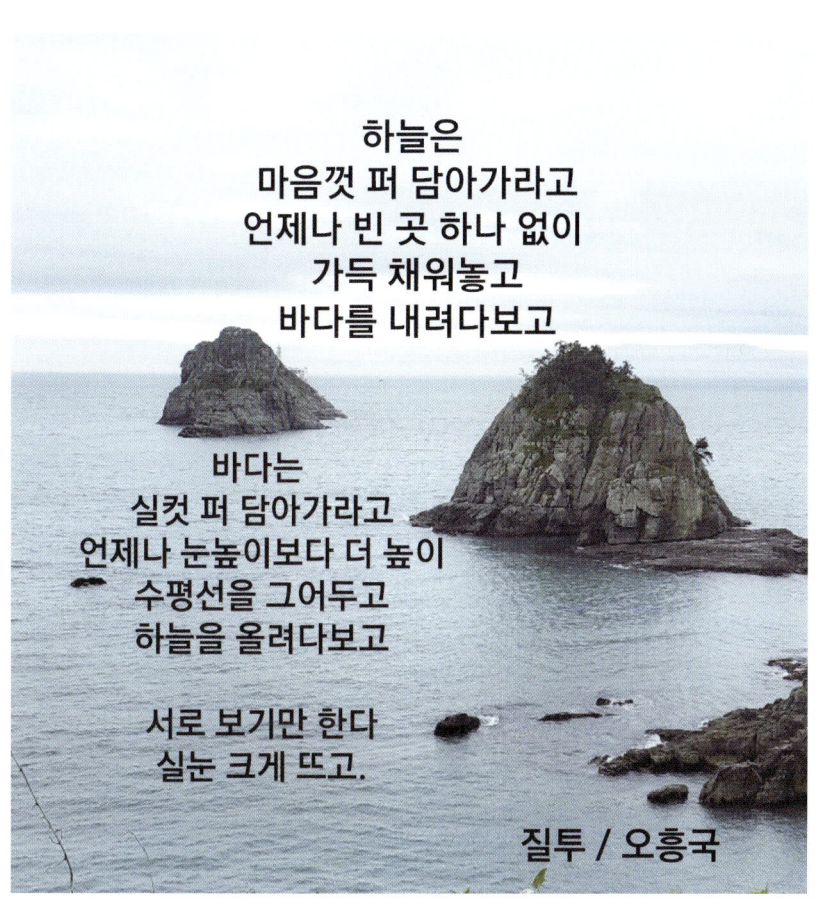

하늘과 바다를 의인화한 3연 12행의 자유시다.
"하늘은 바다를 내려다보고 바다는 하늘을 올려다보고
실눈 크게 뜨고 서로 보기만 한다"
인간은 생각한다.
생각은 말씀으로 나타난다.
오흥국 시인의 하늘과 바다에 대한 표현은 참 고상하다.

3연 21행의 서정시다.
보통사람들의 눈에 보이는 파란 하늘이 오 시인의 눈에는
스프레이로 물감을 뿌려 놓은 듯 파스텔톤이고, 밤하늘의 별을 보기 위해
하루에 네 번씩 약물을 눈에 넣어도 오징어가 먹물을 뿌려 놓은 듯
파스텔톤 하늘이란 안타까움이 담겨 있는 시다.
우리 인간에게는 득의의 시대와 실의의 시대가 있다.
실의의 시대에는 인내 속에서 기다려야 한다.
롱펠로는 그의 인생찬가에서 사람은 기다릴 줄 알아야 한다고 말한다.
오 시인의 앞날에 득의의 시대가 오기를 기도한다.

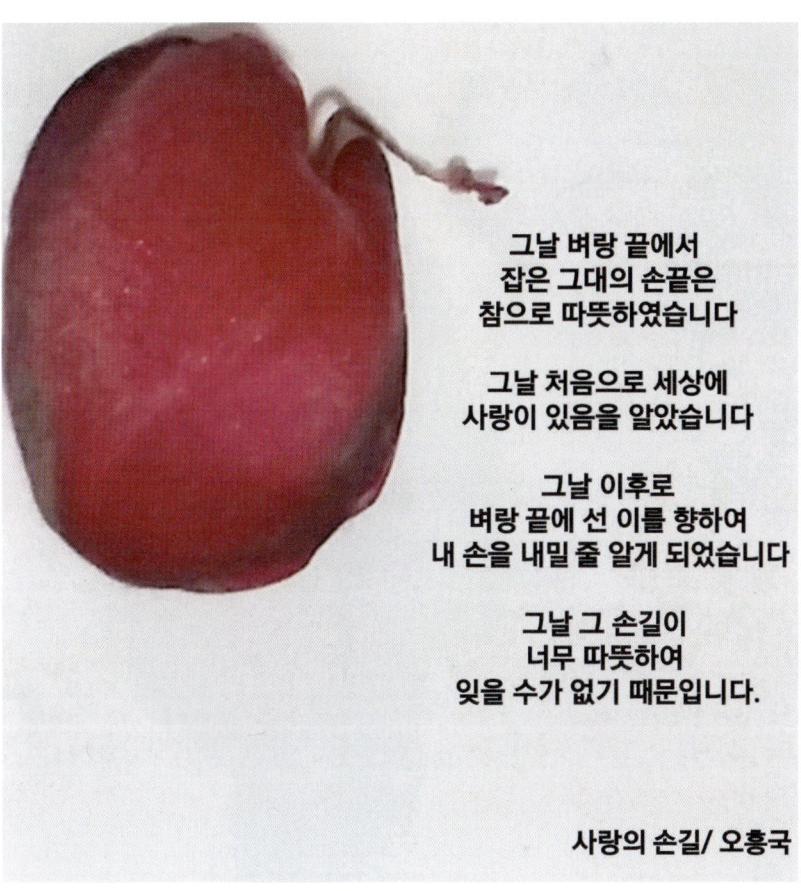

그날 벼랑 끝에서
잡은 그대의 손끝은
참으로 따뜻하였습니다

그날 처음으로 세상에
사랑이 있음을 알았습니다

그날 이후로
벼랑 끝에 선 이를 향하여
내 손을 내밀 줄 알게 되었습니다

그날 그 손길이
너무 따뜻하여
잊을 수가 없기 때문입니다.

사랑의 손길/ 오흥국

4연 11행의 시정시다.
벼랑 끝에서 잡은 손 참으로 따뜻했고, 그것은 사랑이었다.
그 사랑으로 인해 벼랑 끝에 선 사람에게
손을 내밀 줄 알게 됐다.
현명한 사람은 어려움에 처한 사람에게 다가가
가만히 손 잡아 주는 사람이다.
거기에 기도를 보태면 더할 나위 없다.

그리움

오흥국

부쩍 반찬투정이 늘었다
싱겁네 짜네
제맛이 나네 안 나네
시큼털털한 총각김치가 먹고 싶고
시원한 열무김치도 먹고 싶다느니

엄마손맛이 그리운 거지
그래, 엄마가 보고픈 거지

그러고 보니 벌써 여름이네
지워지지 않는 감물처럼
그리움 물드는.

3연 10행의 서정적 자유시다.
반찬투정이 늘었다.
총각김치와 열무김치도 먹고 싶다.
엄마손맛이 그리운 거지
엄마가 보고픈 거지
지워지지 않는 감물처럼
뇌리에 남아 있는 그리움 물드는 엄마…

3월의 고백 / 오흥국

하늘은
비우고 비워
저리도 맑은 색을 내는데
나무는
버리고 버려
저리도 고운 싹을 내는데

여태도
그 아래 오가며 서성이는
나는…

2연 9행의 서정시다.
하늘과 나무와 나를 도입하여 3월을 맞는
시인의 서정을 압축하여 표현하고 있다.
하늘은 맑은색, 나무는 고운 싹
자신은 나무 아래에서 서성인다.

접붙임

오흥국

작은 가지 끄탱이 하나가
팔에 찰싹 달라붙더니
내 삶을 송두리째 바꾸어 놓았다.

3행의 자유시다.
작다고 무시하지 마라.
작은 고추가 맵고,
작은 박이 나물박이다.
작은 일을 잘해야 큰 일도 잘하게 된다.
만고의 진리다.

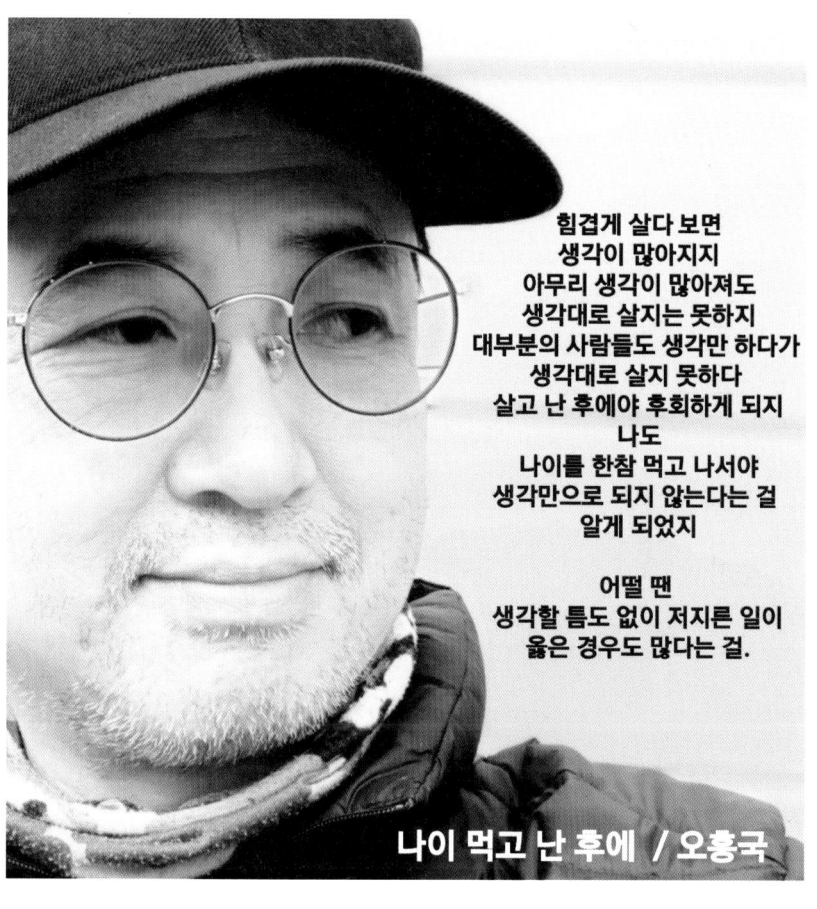

나이 먹고 난 후에 / 오흥국

2연 14행의 자유시다.
힘겹게 살다 보면 생각이 많아진다.
생각대로 살 수 없고 생각대로 되는 일이 없다.
생각할 겨를 없이 저지른 일이 옳을 때가 있다.
톨스토이의 "광명이 있을 때 광명 속을 걸어라"란 명제를
떠오르게 하는 시다.
우리는 대소를 논할 것이 아니다.
모름지기 진위를 논해야 한다.

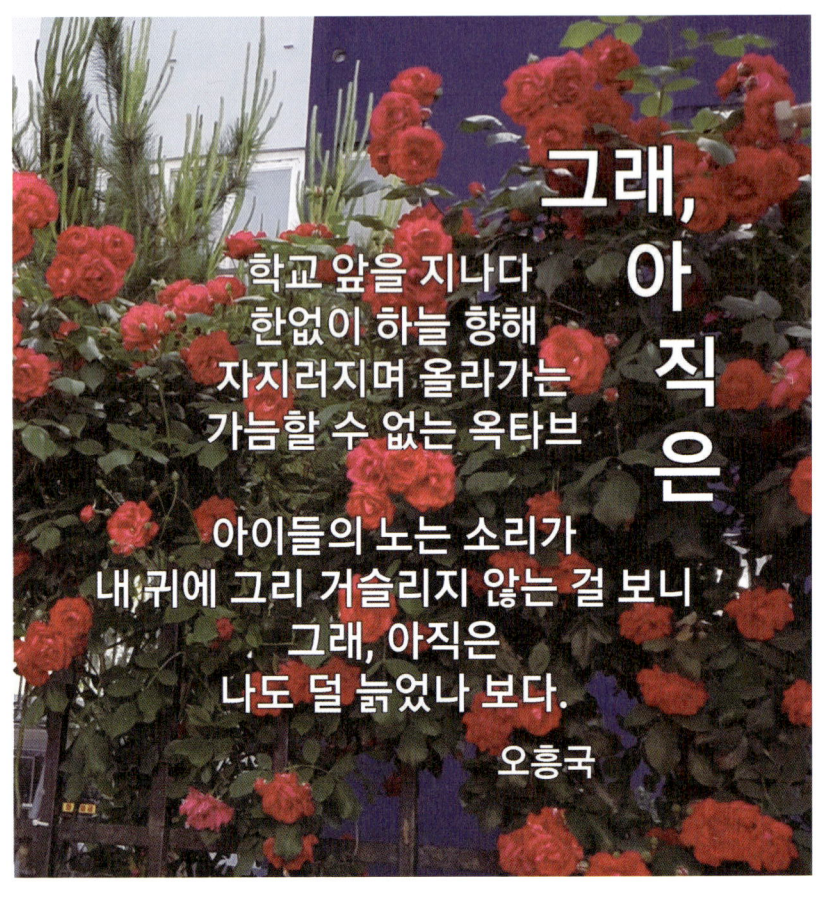

이 시가 주는 교훈이 있다.
아이들의 가늠할 수 없는 소리 소리…
자지러지는 소리의 옥타브…
그 소리가 귀에 거슬리지 않는다고 했다.
"나도 덜 늙었나 보다"는 시인의 말은 향상의 의지가 담긴 말이다.
시인 괴테의 말을 떠올리게 한다.
"사람은 늘 여유를 갖고 살아야 한다"는 그 말.

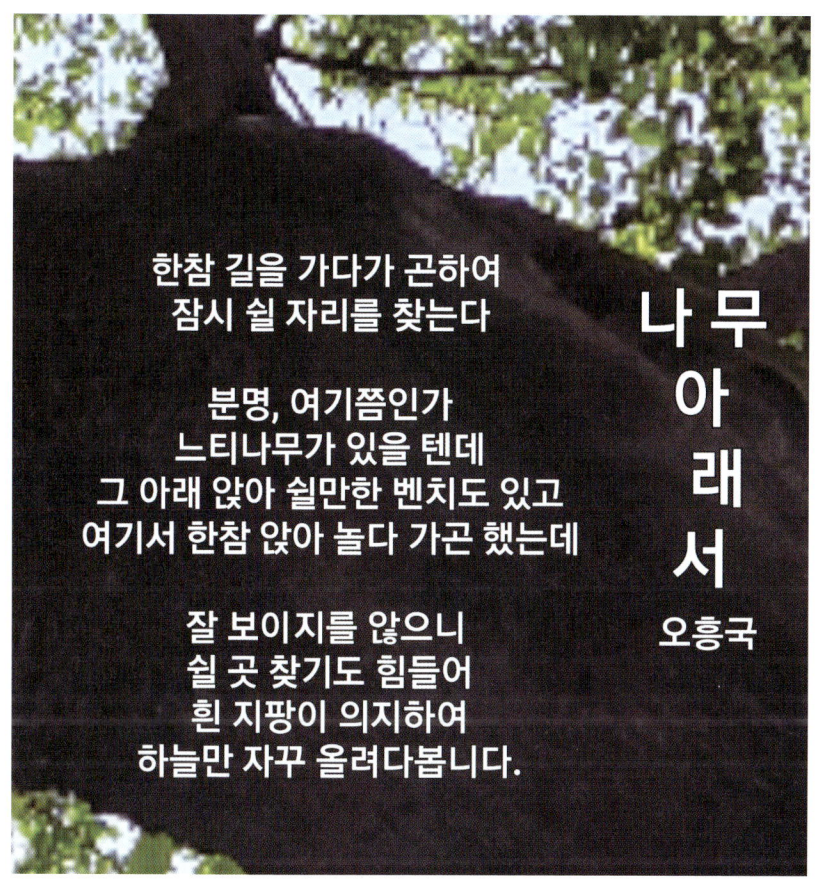

쉴 자리를 찾아야 하는데 보이지 않는다.
감각적으로 느티나무가 있고
그 아래 벤치도 있었다는 걸 생각한다.
그리고 하늘을 올려다본다.
"하늘을 올려다본다"는 말은 시인의 간절한 비원이 담긴 말이다.
간절한 비원은 뜻하지 않게 이루어지게 된다.
그의 비원에 박수를 보낸다.

제3부

꽃이라서 좋다

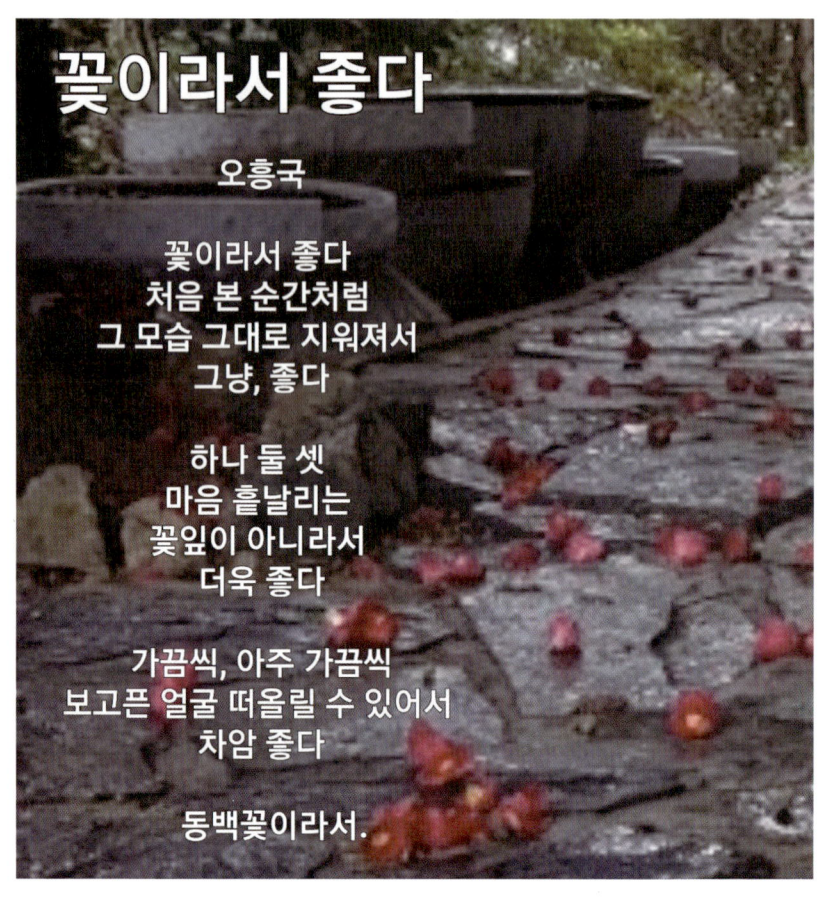

꽃이라서 좋다

오흥국

꽃이라서 좋다
처음 본 순간처럼
그 모습 그대로 지워져서
그냥, 좋다

하나 둘 셋
마음 흩날리는
꽃잎이 아니라서
더욱 좋다

가끔씩, 아주 가끔씩
보고픈 얼굴 떠올릴 수 있어서
차암 좋다

동백꽃이라서.

4연 12행의 서정적 자유시다.
한겨울에 피는 동백을 보면서 떨어지는 꽃을 보면서
보고픈 얼굴을 떠올릴 수 있어서 좋다는
시인의 순수가 담겨 있어 좋다.

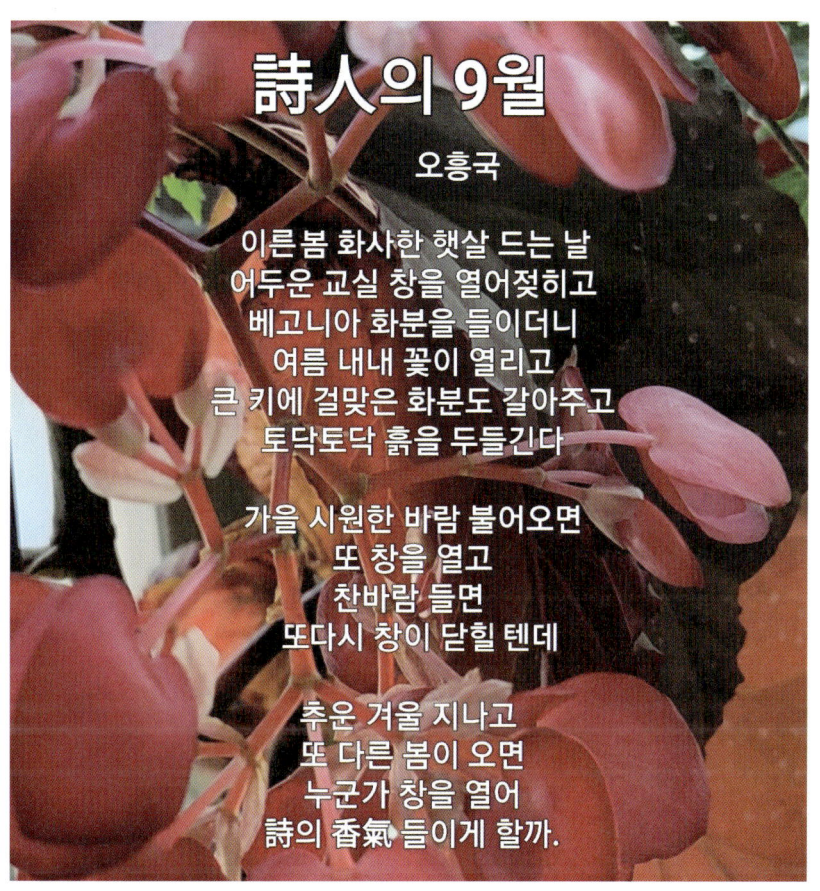

詩人의 9월

오흥국

이른봄 화사한 햇살 드는 날
어두운 교실 창을 열어젖히고
베고니아 화분을 들이더니
여름 내내 꽃이 열리고
큰 키에 걸맞은 화분도 갈아주고
토닥토닥 흙을 두들긴다

가을 시원한 바람 불어오면
또 창을 열고
찬바람 들면
또다시 창이 닫힐 텐데

추운 겨울 지나고
또 다른 봄이 오면
누군가 창을 열어
詩의 香氣 들이게 할까.

"세월이 가면… 그날이 오면…"이란
글귀가 떠오르게 하는 시다.
꽃의 향기도 향기지만
시의 향기도 간과할 수 없다.

봄 소식

움츠렸던 어깨 펴다가
나도 모르는 사이
화분 틈에 끼어든 풀씨

비로소
작은 별꽃이 되어
환한 웃음 지으며
하늘 소식 전하네

따사로운 햇살 드는 창가로.

오흥국

하찮은 풀씨 하나가 마침내
작은 별꽃이 되고 환한 웃음 지으며
하늘 소식 전해 준다.
봄소식 함께.

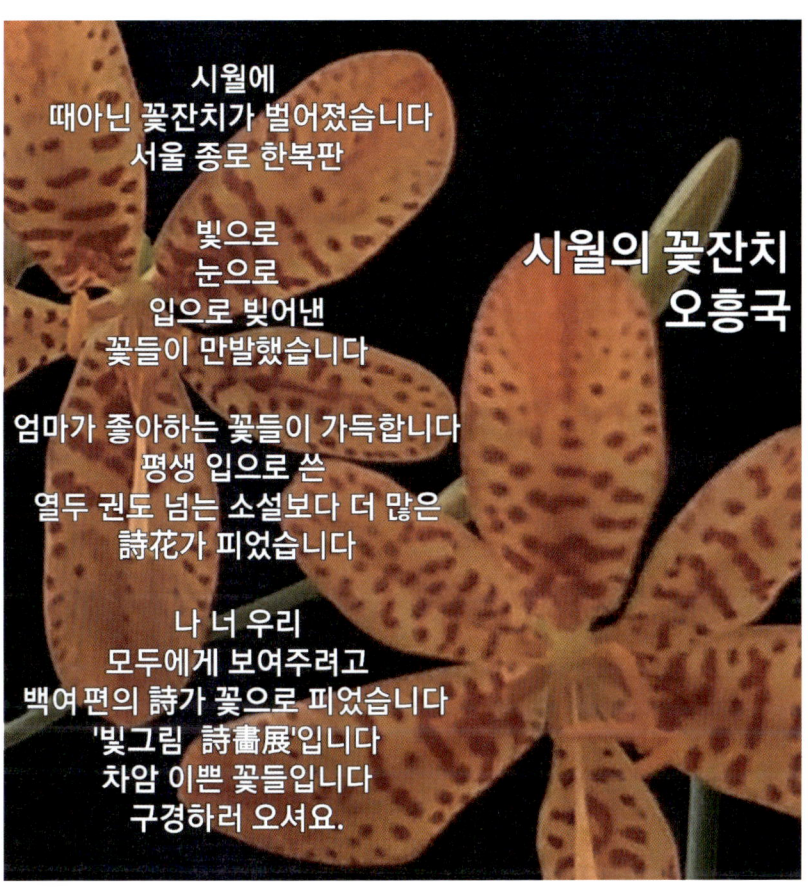

4연 17행의 비유법적 자유시다.

빛그림 시화전을 꽃에 비유하여

"시월의 꽃잔치"라고 했다.

시인의 비유법적 시의 전개가 돋보이는 작품이다.

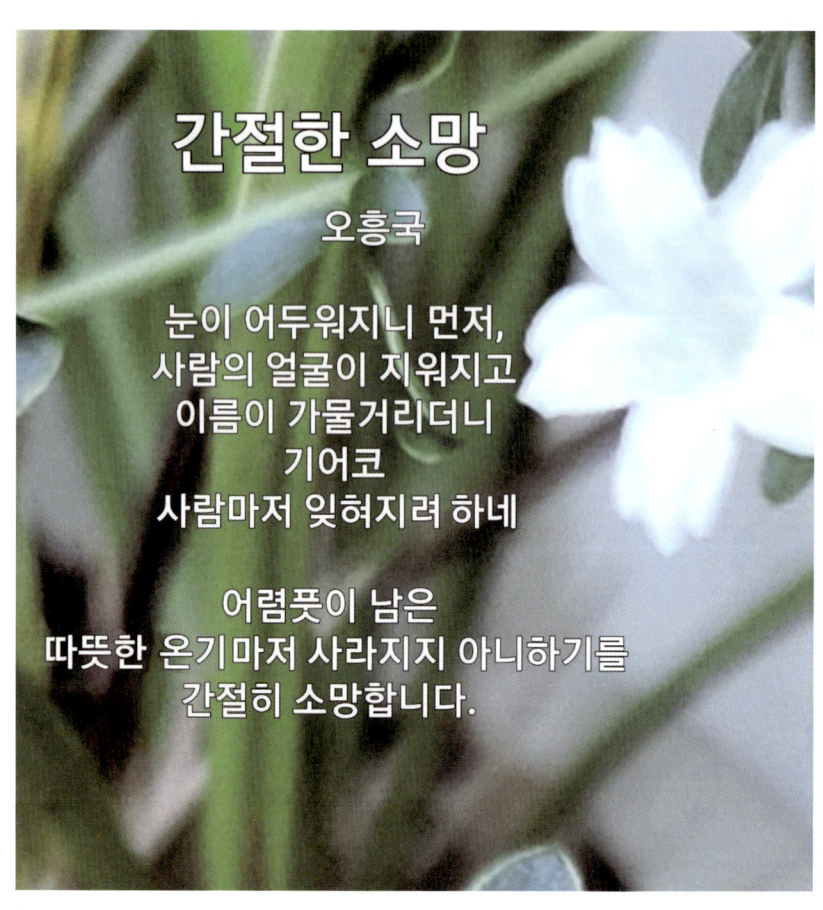

간절한 소망

오흥국

눈이 어두워지니 먼저,
사람의 얼굴이 지워지고
이름이 가물거리더니
기어코
사람마저 잊혀지려 하네

어렴풋이 남은
따뜻한 온기마저 사라지지 아니하기를
간절히 소망합니다.

현실적 자유시다. 우리 사람의 삶은 그렇다.
신체의 잠에서 깨는 일도 중요하지만
정신의 잠에서 깨는 일은 더욱 중요하다.
우리는 자아의 눈을 떠야 한다.
자신의 사명에 눈을 떠야 한다.
진리에 대한 눈을 떠야 한다.
그런 소망을 가져야 한다.

꽃의자리
오흥국

언제나
내 마음보다 먼저 가서
자리 펴고 있는
그곳
햇살이
참 따스합니다

언제나
내 마음보다 먼저 가서
자리 펴고 앉은
그대
화사한 미소가
참 곱습니다.

햇살의 따스함과 고운 그대의 미소를
서정시로 빚어냈다.
언제나 햇살처럼, 언제나 화사한
고운 미소를 잃지 않고 살아가야 한다.

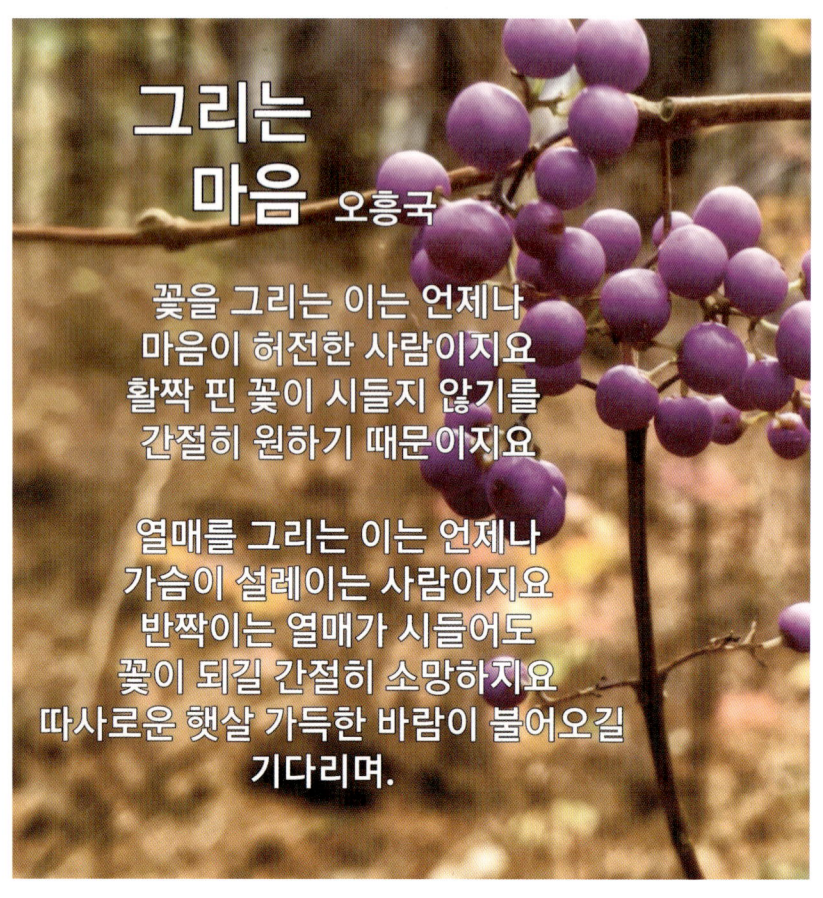

그리는 마음 오흥국

꽃을 그리는 이는 언제나
마음이 허전한 사람이지요
활짝 핀 꽃이 시들지 않기를
간절히 원하기 때문이지요

열매를 그리는 이는 언제나
가슴이 설레이는 사람이지요
반짝이는 열매가 시들어도
꽃이 되길 간절히 소망하지요
따사로운 햇살 가득한 바람이 불어오길
기다리며.

꽃을 그리는 이와 열매를 그리는 이를 비교하여 시를 완성했다.
그러면서 시인은
"따사로운 햇살 가득한 바람이 불어오길 기다리며"라고 했다.
그렇다. 우리는 말이나 행동이나 생활이
모두 자연스러워야 한다.
거기에 진리가 있다.

3연 6행의 정형시다.
"꽃이 피었다. 눈 어두워져 못 본 사이
향기로 알았다. 꽃이 핀 줄"
저마다 저다운 존재, 저다운 의미, 저다운 가치, 저다운 향기
이것이 나의 존재성이다.
나는 오홍국이다.

꽃은

오흥국

산들에 피는 꽃은
하늘만 바라고

화분에 피는 꽃은
주인만 바라고.

2연 4행의 짧은 동시 같은 자유시다.
"산들에 피는 꽃은 하늘만 바라고
화분에 피는 꽃은 주인만 바라고"
진리 같은 시다.
진리는 쉬지 않고 전진한다.
천하의 어떤 힘도 진리의 전진을 막을 수 없다.

참나리

오흥국

꽃도 피우기 전에
씨알부터 매달아 붙이는 동정녀
순진한 주근깨 아가씨

산모롱이 돌아서면
언덕배기 올라서면
어김없이 웃고 섰던
발그레한 얼굴

안마원 테라스에 턱 하니 서있다
초롱초롱 새까만 씨알 달고.

3연 9행의 자유시다.
참나리를 의인화하여 시를 완성했다.
"동정녀 순진한 주근깨 아가씨
산모롱이 언덕배기서 웃고 섰던 발그레한 얼굴…"
멋진 표현이다.

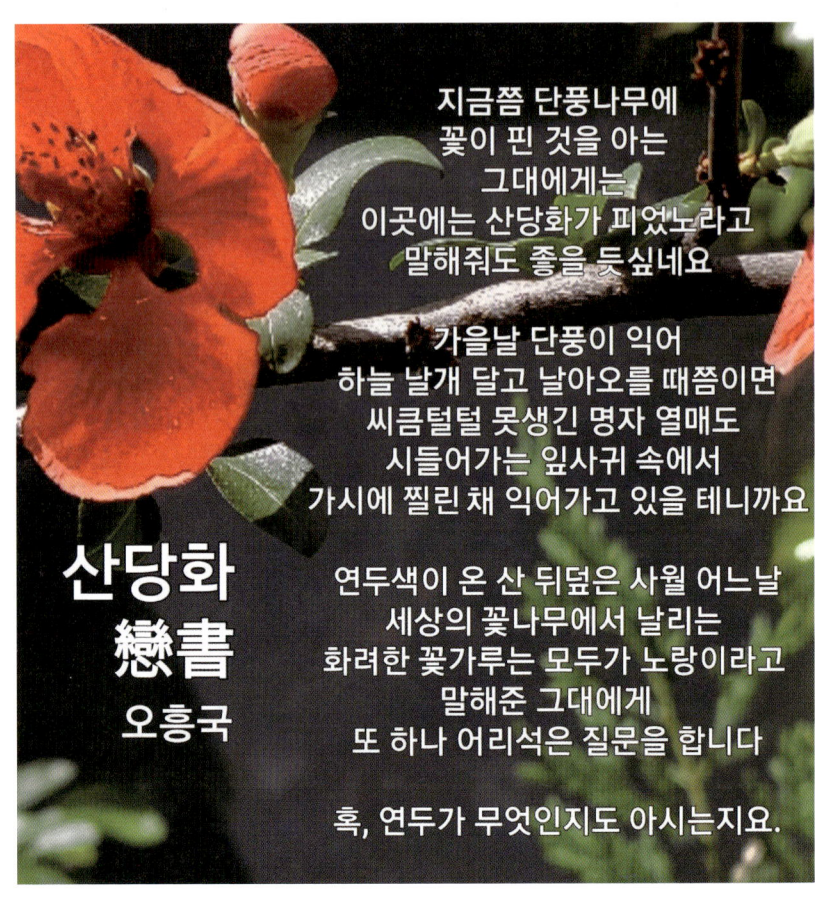

산당화
戀書
오흥국

지금쯤 단풍나무에
꽃이 핀 것을 아는
그대에게는
이곳에는 산당화가 피었노라고
말해줘도 좋을 듯싶네요

가을날 단풍이 익어
하늘 날개 달고 날아오를 때쯤이면
씨큼털털 못생긴 명자 열매도
시들어가는 잎사귀 속에서
가시에 찔린 채 익어가고 있을 테니까요

연두색이 온 산 뒤덮은 사월 어느날
세상의 꽃나무에서 날리는
화려한 꽃가루는 모두가 노랑이라고
말해준 그대에게
또 하나 어리석은 질문을 합니다

혹, 연두가 무엇인지도 아시는지요.

4연 16행의 서정적 자유시다.
산당화는 명자꽃으로 불린다.
시큼털털 모과 같이 못생긴 열매도 달린다.
그러나 그 향은 모과에 버금간다.
4월엔 향기 짙은 진분홍 꽃도 피운다.
오죽하면 처녀꽃, 아가씨 꽃나무
"산당화"란 별명을 가졌을까.

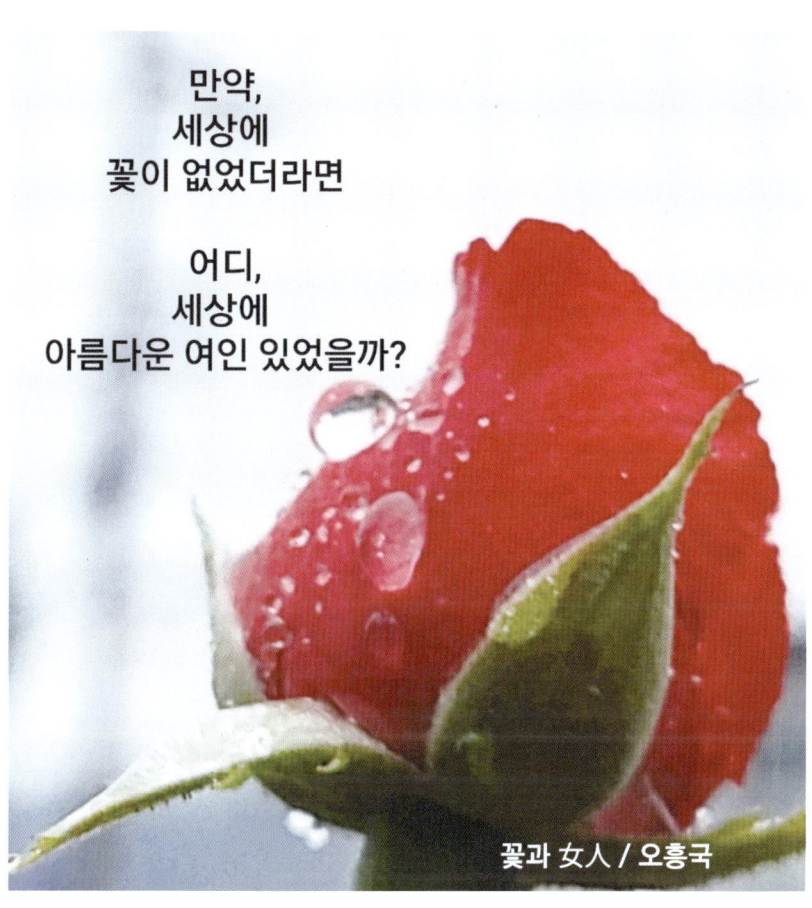

꽃과 女人 / 오흥국

2연 6행의 자유시다.
꽃과 여인을 비교하여 시를 전개했다.
멋지다.

인동처럼

오흥국

살다가 살다가
얼굴색이 변할 때도 있지요

어찌,
웃고만 살 수 있겠나요
그래도
살짝 익어가는 듯
노릇해지는 것까지는 괜찮겠지요
인동처럼.

추운 겨울에도 푸르게 살아 있는 덩굴식물이 인동초다.
흰 꽃과 노란 꽃이 동시에 핀다.
그래서 사람들은 금은화라 부른다.
몸이 부을 때, 감기 기운이 있을 때, 이뇨 작용이 뛰어나
요통, 방광염, 소화불량, 몸이 무거울 때,
인동차 한 잔이면 몸이 거뜬해진다.
은은한 향과 색감이 좋아서 유리병에 담아 장식용으로 사용하기도 한다.
푸른 시가 되기를 기원한다.

거미가 줄을 치는 모습을 본 적이 있다.
하도 신기하여 가만히 지켜보았다.
뒷다리와 앞다리, 심지어는 입을 동원하여 전력을 다해 줄을 친다.
아침에 대롱대롱 맺혀 있는 이슬방울을 보면
참으로 예술작품 같다는 생각이 든다.
시인은 거미줄에 달린 맑은 이슬방울로
"그대 마른 목이라도 적실 수 있으면"이라고 했다.
시의 주인공인 "그대"는 참 행복한 사람이다.

해당화

오흥국

문득 문득
불어오는 모래바람에
그리운 바닷가 언덕배기
눈물로 얼굴 붉어진 찔레꽃
푸석푸석 솜털 가시 속에는
마른 바다내음 가득하다.

해당화는 우리나라 해안가 모래에서 자라는
장미과에 속한 낙엽활엽 관목이다.
꽃말은 "이끄시는 대로"이다.
"고운 사람, 아름답고 슬픈 사랑" 등의 꽃말을 가지고 있다.
우리에게는 이미자 가수가 부른 "해당화 피고 지는 섬마을에
철새 따라 찾아온 총각선생님…" 이런 가사로 알려진 꽃이다.
오 시인은 "푸석푸석 솜털 가시 속에는
마른 바다내음 가득하다"고 표현하고 있다.

"시는 고상한 정서에 고상한 영역을
상상에 맡기는 것이라고 했다"
러스킨의 말이다.
꽃은 피었다 지고
이 땅의 모든 존재는
순간을 살다 가는 것이다.

제4부

참 좋은
사람

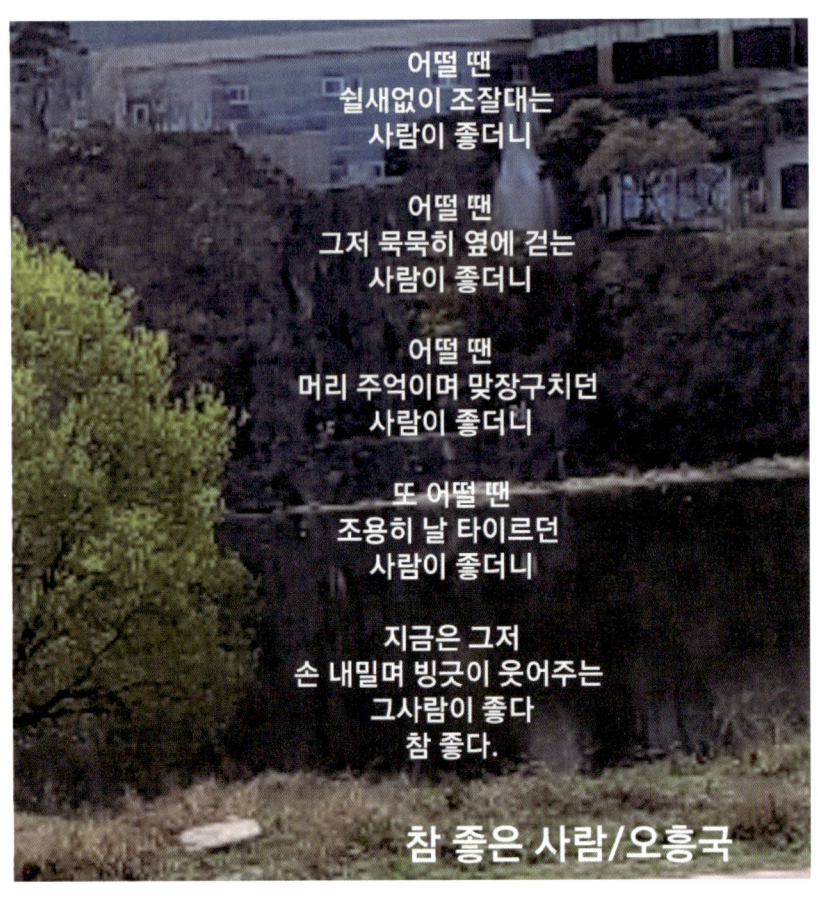

어떨 땐
쉴새없이 조잘대는
사람이 좋더니

어떨 땐
그저 묵묵히 옆에 걷는
사람이 좋더니

어떨 땐
머리 주억이며 맞장구치던
사람이 좋더니

또 어떨 땐
조용히 날 타이르던
사람이 좋더니

지금은 그저
손 내밀며 빙긋이 웃어주는
그사람이 좋다
참 좋다.

참 좋은 사람/오흥국

쉴새없이 조잘대던 사람,
묵묵히 곁에서 걷던 사람,
조용히 타이르던 사람,
손 내밀며 빙그레 웃어주던 사람,
참 좋은 사람은 탐구정신이 왕성한 사람,
동조하며 웃어주는 사람,
주의깊게 침묵할 줄 아는 사람이다.

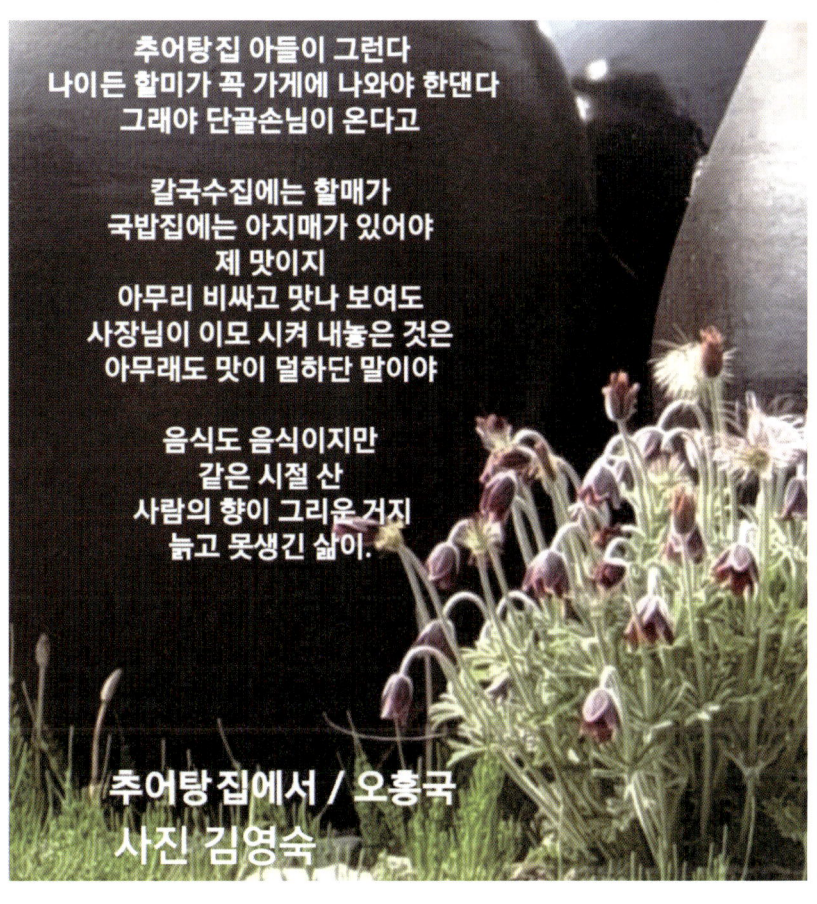

추어탕집 아들이 그런다
나이든 할미가 꼭 가게에 나와야 한댄다
그래야 단골손님이 온다고

칼국수집에는 할매가
국밥집에는 아지매가 있어야
제 맛이지
아무리 비싸고 맛나 보여도
사장님이 이모 시켜 내놓은 것은
아무래도 맛이 덜하단 말이야

음식도 음식이지만
같은 시절 산
사람의 향이 그리운거지
늙고 못생긴 삶이.

추어탕 집에서 / 오홍국
사진 김영숙

역설이 담긴 멋진 시다.
세상에는 세 종류의 인간이 있다.
자기를 과대평가하는 사람, 자기를 과소평가하는 사람,
자기를 정당하게 평가하는 사람,
칼국수집 할매, 국밥집 아지매…
자부심을 가지고 사는 것이 중요하다.
늙고 못생긴 삶이라 해도.

그를 기리며

지금 이 순간 / 오흥국

한국 문단의 거목이었던 성기조 선생을 기리며…
그는 말했다.
"한국문학의 미래는 무한 광대하다고…"
신체의 잠에서 깨는 일도 중요한 일이다.
더 중요한 것은 정신의 잠에서 깨어나는 일이다.
우리는 잠을 깨고 눈을 떠야 한다.
먼저 알고 먼저 눈뜬 자는 선각자다.
후에 알고 후에 눈뜬 자는 후각자다.

내가 아는 이 / 오흥국
그림 유창희

9행의 자유시다.
내가 아는 이는 잘생긴 얼굴도 아니다.
멋진 옷 입은 이는 더욱 아니다.
다정하게 부르는 음성, 조심스레 내미는 손,
따스한 손길… 이것은 인간의 법칙이다.
물은 높은 데서 낮은 곳으로, 불은 아래서 위로 타오른다.
이것은 어김없는 질서이며 약속이다.

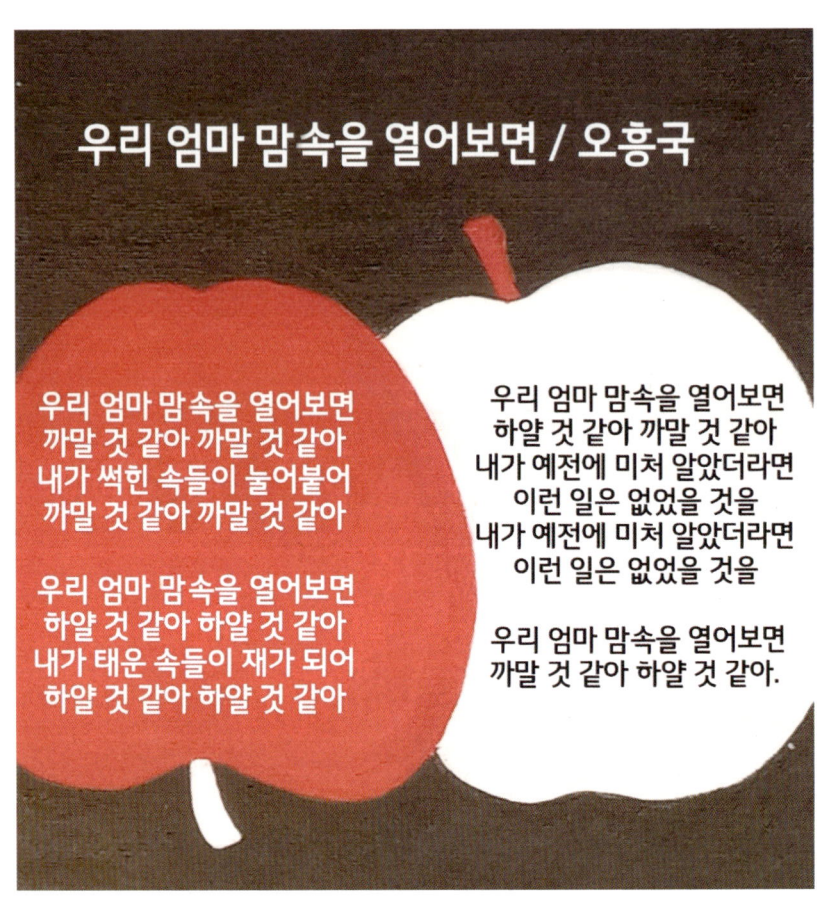

4연 16행의 동시풍의 자유시다.
엄마 맘속을 열어보면 까말 것 같다.
엄마 앞에서는 애물단지가 된다.

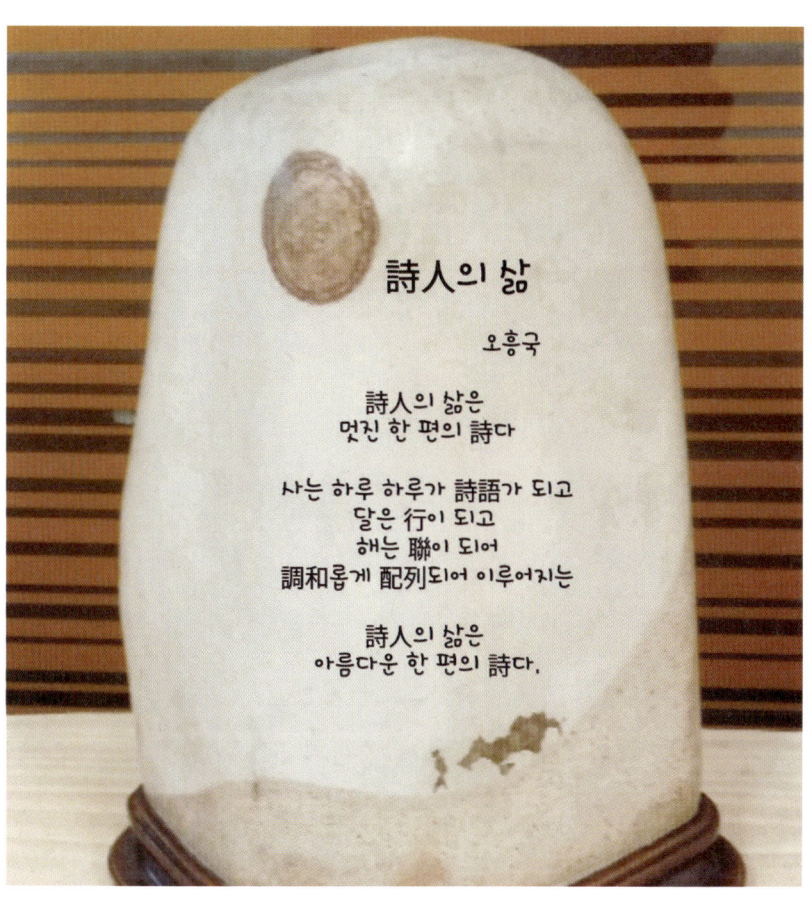

3연 8행의 자유시다.
기발한 착상의 시다.
"사는 하루 하루가 시어가 되고
달은 행이 되고, 해는 연이 되어
조화롭게 배열되어 이루어지는…"
"진리의 말은 언제나 간단한 법이다"라고 말한
세네카의 말을 떠올리게 하는 시다.

채 맛도 덜 든
씨도 채 덜 여문
시퍼런 단감
헐렁한 바지 주머니에 두어 알 넣고
감 물든 낡은 옷자락에 몇 알 싸들고
쫓아오는 개를 피해
탱자나무 울타리 안을 죽어라 뛰던
감이 떨어지는지
뭐가 떨어지는지도 모르고
가시 사이로 고개 내민
박주가리 하하 웃고

떫뜨름한 맛이 그립고
함께 뛰던 동무가 그립고
몰래 내가 좋아하는 감 챙겨주던
그 아이도 그립고.

단감 단상 / 오흥국

2연 15행의 서정적 자유시다.
덜 익은 단감 몰래 따서 함께 나누고 뛰었던 동무
몰래 챙겨주던 그 아이,
한 조각 추억의 스토리다.

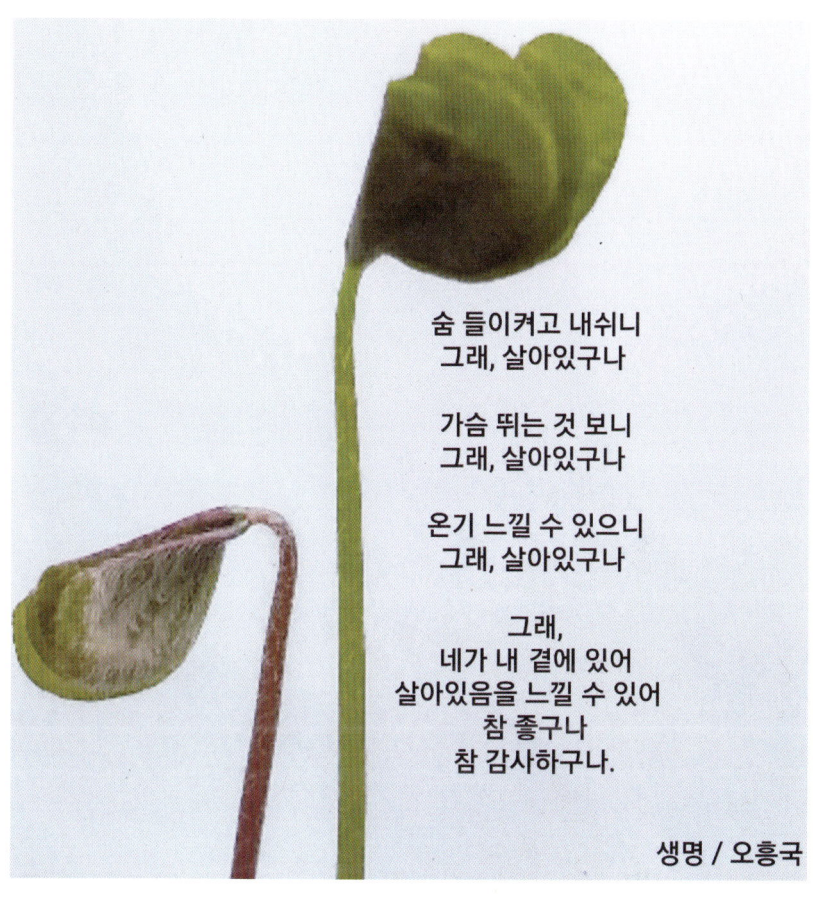

숨 들이켜고 내쉬니
그래, 살아있구나

가슴 뛰는 것 보니
그래, 살아있구나

온기 느낄 수 있으니
그래, 살아있구나

그래,
네가 내 곁에 있어
살아있음을 느낄 수 있어
참 좋구나
참 감사하구나.

생명 / 오흥국

4연 11행의 자유시다.
숨, 심장, 온기, 내 곁에 있는 너로 시를 완성했다.
숨 들이켜고 내쉰다. 가슴이 뛴다.
온기를 느낄 수 있으니 살아 있는 것이다.
그래서 좋고 감사하다.
「좁은 문」을 쓴 프랑스 문인 앙드레 지드의 말이다.
"바른 삶은 사랑을 갖는 것이요,
사랑하는 마음으로 대상을 보아야 대상을 바로 알 수 있다"고 했다.

눈 어두운 詩人의 집에는

오흥국

눈 어두운 詩人의 집에는
詩集이 없다

발 붙일 곳 없는
천 수백 편의 詩만
나뒹굴 뿐.

2연 5행의 서정적 자유시다. 눈 어두운 시인의 집에는 시집이 없다.
천 수백 편의 시가 나뒹굴고 있어도… 그러나 실망할 필요가 없다.
때가 되면, 그날이 오면, 시인의 날이 올 것이기 때문이다.
롱펠로의 인생찬가에 나오는 말이다.
"사람은 기다릴 줄 알아야 한다.
실의의 시대에는 인내 속에서 기다려야 한다.
그와 동시에 자기의 시대가 반드시 올 것이라는
자신감을 가지고 꾸준히 준비하고 힘을 길러야 한다"라고.

계절의 순환은 막을 길 없다.
얼음장 밑으로 봄이 온다는 동시가 떠오른다.
한겨울 햇살이 좋은 것은
곧 봄이 오고 있다는 징조다.

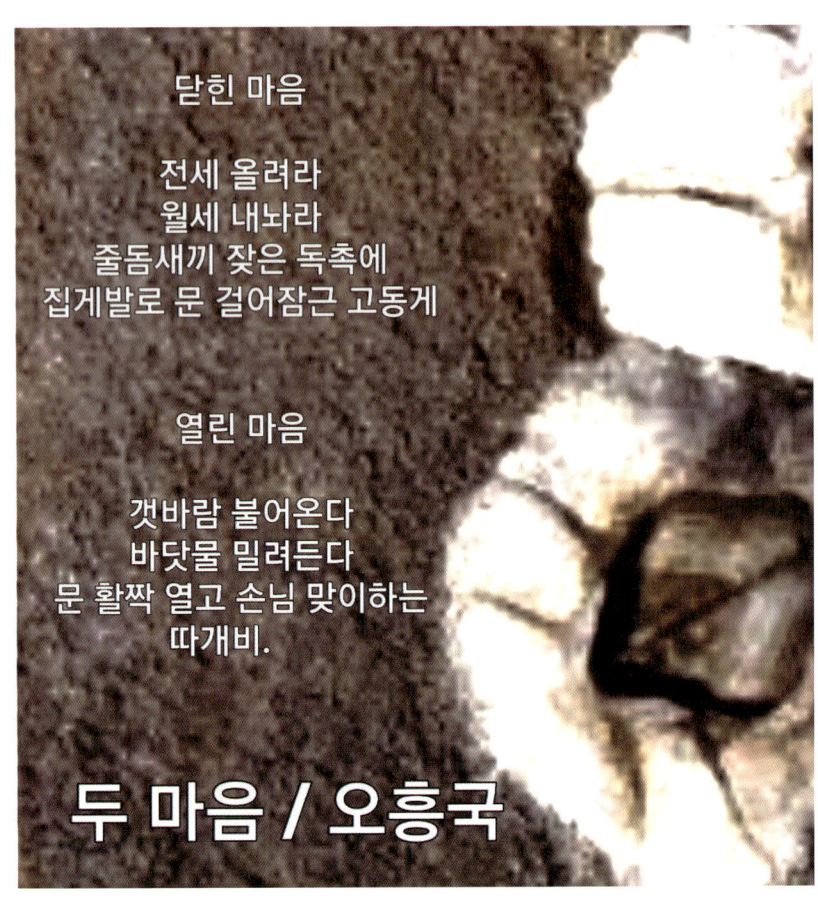

닫힌 마음

전세 올려라
월세 내놔라
줄돔새끼 잦은 독촉에
집게발로 문 걸어잠근 고동게

열린 마음

갯바람 불어온다
바닷물 밀려든다
문 활짝 열고 손님 맞이하는
따개비.

두 마음 / 오흥국

닫힌 마음과 열린 마음을 비교한 비교법적 시다.
우리는 열린 마음으로 살아가야 한다.
문 활짝 열고 맞아 주는 따개비처럼…

오늘의 의미는 "오늘이 소중하다"는 말이다.
"과거와 미래를 철문으로 닫아 버리고
오늘이라는 테두리 안에서 열심히 살라"는
어느 철학자의 말을 떠올리게 하는 시다.

오랜 세월 동안
언제든 용서할 맘으로 사는데
여태,
한번도 사과할 생각조차 하지 않는
미운 그 사람

그 미운 마음마저 지워지면
용서가 될까
진짜, 용서가 될까

오늘 밤에도
눈에서 사라지는 별을 보며
기억 하나를 또 지운다.

용서하는 마음 / 오흥국

3연 11행의 자유시다.
시인은 용서하는 마음으로 산다.
하지만 세상에는 사과할 생각조차 하지 않는
미운 사람들이 많다.
어찌해야 하는가.
오늘도 시인은 눈에서 사라지는 별을 보며
기억 하나를 지운다.

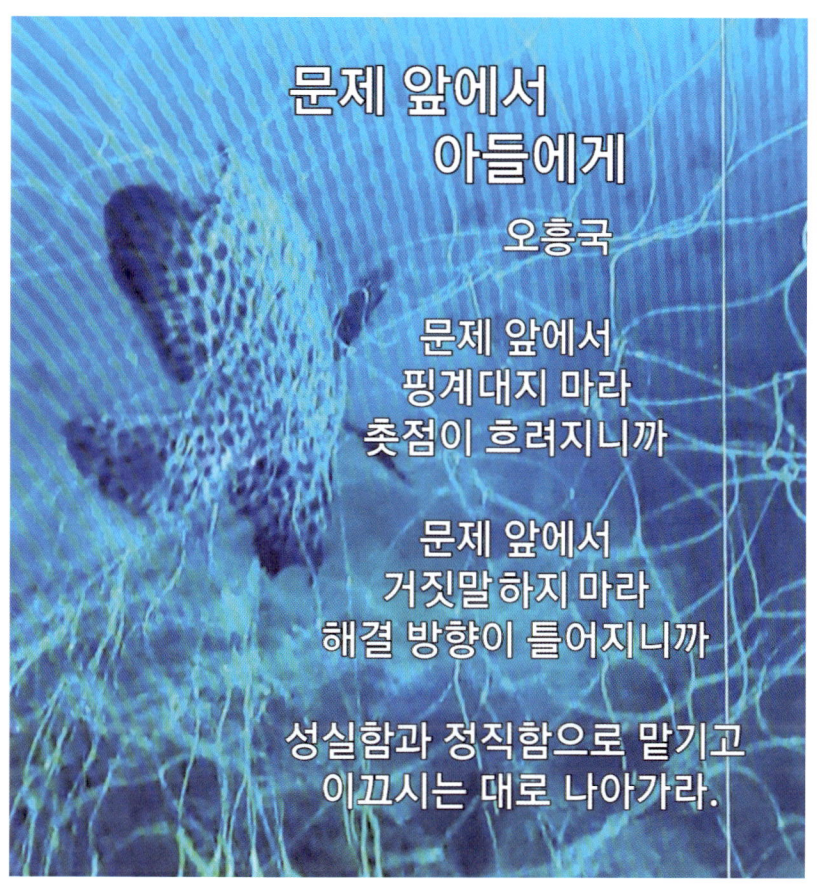

3연 8행의 자유시다.
핑계대지 말고, 거짓말하지 말고
성실과 정직함으로 맡기고 이끄시는 대로 나아가라고
아들에게 권면하는 시다.
세상의 이치는 그렇다.
성실과 정직으로 많이 심으면 많이 거두고 적게 심으면 적게 거둔다.
이것은 분명한 불변의 질서다.

달팽이

오흥국

집 하나 없이
이리저리 뒤채이며 살아가는
나는
조금 서럽기는 하다만

무거운 짐 지고
평생 숨어 기어다니는
너는
참 가련타.

2연 8행의 서정적 자유시다.
집 없이 살아가는 나는 조금 서럽다.
무거운 짐 지고 기어다니는 너는 참 가련타.
오 시인의 심상이 드러나는 소박한 시다.

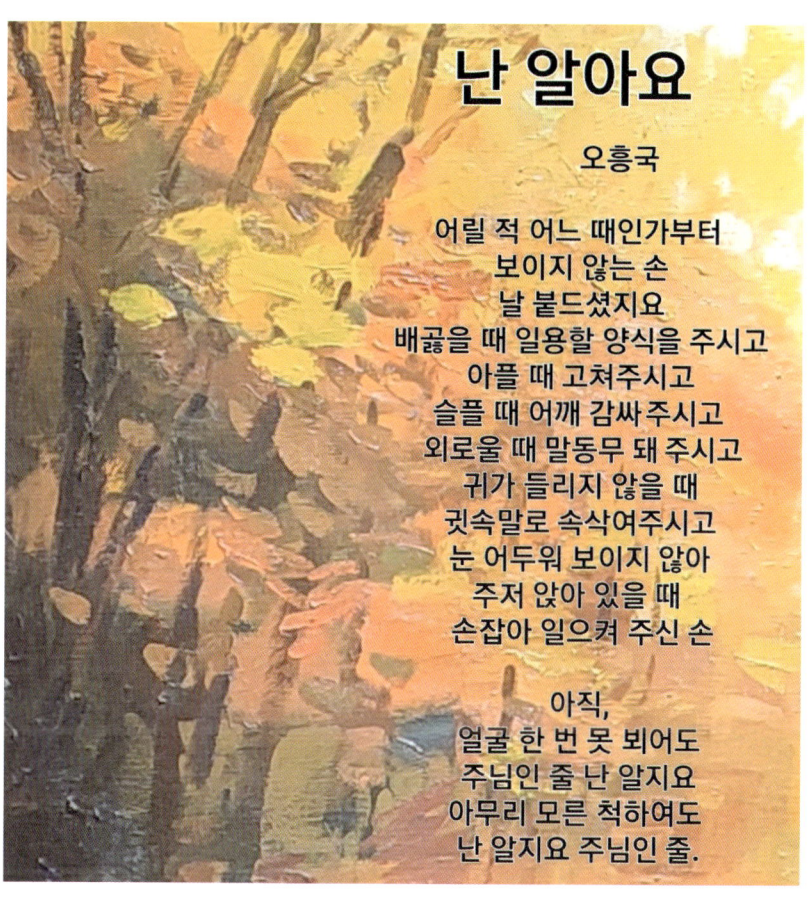

난 알아요

오흥국

어릴 적 어느 때인가부터
보이지 않는 손
날 붙드셨지요
배곯을 때 일용할 양식을 주시고
아플 때 고쳐주시고
슬플 때 어깨 감싸 주시고
외로울 때 말동무 돼 주시고
귀가 들리지 않을 때
귓속말로 속삭여주시고
눈 어두워 보이지 않아
주저 앉아 있을 때
손잡아 일으켜 주신 손

아직,
얼굴 한 번 못 뵈어도
주님인 줄 난 알지요
아무리 모른 척하여도
난 알지요 주님인 줄.

시인의 신앙고백 같은 시다.
배곯을 때 양식 주시고 슬플 때 감싸 주시고
외로울 때 말동무 돼 주시고
귀가 들리지 않을 때도 눈 어두워 보이지 않을 때도
주저 앉아 있을 때 손잡아 일으켜 주신 손
주님이신 줄을… 진리의 말은 언제나 간단한 법이다.
진리는 복잡을 싫어한다.
진리는 수식을 좋아하지 않는다.

눈 어두운 이는
오흥국

눈 어두운 이는 길을 가면서
곁눈질할 줄도 모릅니다
눈에 뵈는 것이 없으니 어쩔 수 없습니다
발끝보다 한 발 앞선
흰 지팡이 가는 길이 발길이 되어
곧장 앞으로만 나아갑니다
힘들 때면 주저앉아 쉬다가
일어나면 또 그렇게 앞으로만 나아갑니다
또,
그렇게 말입니다.

오흥국 시인의 현실이 담긴 서정시다.
그는 말한다. 눈 어두운 이는 곁눈질할 줄 모른다.
힘들 땐 주저앉아 쉬다가
흰 지팡이에 의지하여 앞으로 나아간다.
"수식어는 말의 힘을 악화시킨다"고 셰익스피어는 말했다.
수식어가 너무 많은 말이나 문장은 우리를 감동시키지 못한다.
간결은 지혜의 생명이며 간결은 진실의 옷이다.
진실한 말은 간결한 옷차림으로 나타난다고 했다.

경주의 시인 '경자 누님'에 관한 이야기다.
오 시인이 그를 좋아하는 이유는
삼십 년 동안 동해안 바닷가에서
대폿집 열고 자식 공부시킨
떳떳한 누님이기 때문이다.

제5부

여백

어린이들의 웃음소리,
아이들처럼 웃으면 되지…
예수님도 누가복음 18장 15-17절을 통해 말씀하셨다.
"어린아이들이 내게 오는 것을 용납하고 금하지 말라.
하나님의 나라가 이런 자의 것이니라"고 했다.

어느 날 문득

오흥국

어느 날 아침 식탁에서
문득,
아내의 얼굴이 사라졌다
분명,
날 부르는 목소리도 들리고
손을 내미니 손도 잡히는데
홀연히 아내의 얼굴이 눈앞에서 사라졌다
마술처럼
어느 날 문득.

어느 날 홀연히 아침 식탁에서 아내의 얼굴이 보이지 않는다.
목소리는 들리고 손을 내미니 손도 잡히는데
마술처럼 아내의 얼굴이 눈앞에서 사라졌다.
"나의 소원은 모든 사람의 눈물을 닦아 주는 것이다"라고 말한
간디의 말이 떠오른다. 참으로 대 비원이다.
오흥국 시인이 맑고 수수한 아내의 얼굴을
다시 볼 수 있는 날이 오기를 나의 신께 아뢴다.

천지만물은 참으로 되어 있다.
참의 하나님이 창조하셨기 때문이다.
하늘에서 빛이 내려 산이 되고, 들이 되고,
물이 되어 흐르고, 열매 맺는다.
그리고 꽃과 사람을 노래하는 오 시인의 시는 빛그림이다.
하늘은 인간을 기만하지 않는다.
하늘이 속이지 않는 것처럼 오 시인의 시는 진실한 시다.
그는 창조주 하나님을 믿는 믿음의 시인이기에…

나무는

오흥국

아무리 아파도
소리내어 울지 않습니다
어쩌면, 울음
속으로 삼키고
하늘 바라보며 살다가
몇 번쯤
진한 눈물 흘릴 뿐.

7행의 서정적 자유시다.
"소리내어 울지 않는 나무, 속으로 울음 삼키고
하늘 바라보며 살다가 몇 번쯤 진한 눈물 흘릴 뿐…"
문득 중국의 거유 사마은공의 일화를 떠올리게 하는 시다.
사마은공에게 제자가 물었다.
"수만의 글자 중에서 우리가 배우고 본받고 실천해야 할
글자 하나를 골라 주십시오"라고 했을 때 '성(誠)'이라고 대답했다.
소위 말하는 불망어다.
오 시인의 「나무는」을 읽었을 때 떠오르는 시어다.

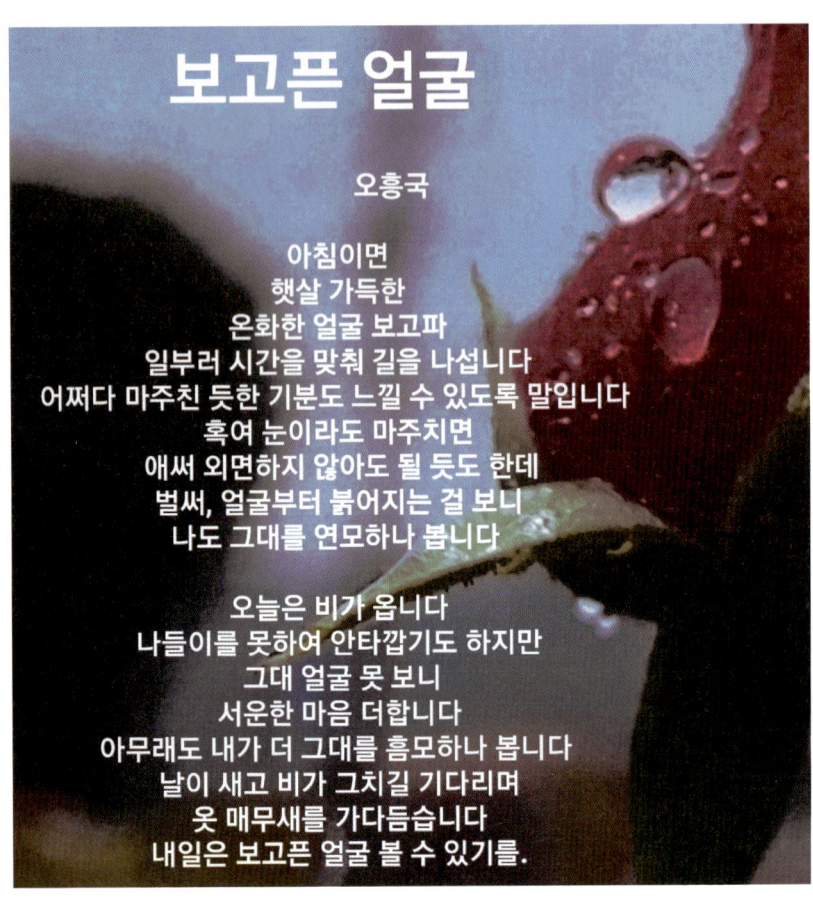

보고픈 얼굴

오흥국

아침이면
햇살 가득한
온화한 얼굴 보고파
일부러 시간을 맞춰 길을 나섭니다
어쩌다 마주친 듯한 기분도 느낄 수 있도록 말입니다
혹여 눈이라도 마주치면
애써 외면하지 않아도 될 듯도 한데
벌써, 얼굴부터 붉어지는 걸 보니
나도 그대를 연모하나 봅니다

오늘은 비가 옵니다
나들이를 못하여 안타깝기도 하지만
그대 얼굴 못 보니
서운한 마음 더합니다
아무래도 내가 더 그대를 흠모하나 봅니다
날이 새고 비가 그치길 기다리며
옷 매무새를 가다듬습니다
내일은 보고픈 얼굴 볼 수 있기를.

　　오흥국 시인의「보고픈 얼굴」을 읽고 있으면
　　영국의 이상주의 사상가 토머스 칼라일의 명언이 떠오른다.
"위대한 것은 침묵의 산물입니다. 웅변은 은이요 침묵은 금입니다."
현대는 너무 말이 많은 시대다. 남을 헐뜯는 스캔들, 무의미한 얘기…
이러한 소리의 홍수 속에서 오 시인은 보고픈 얼굴을 두고도 침묵한다.
흠모하면서도 우리에겐 때론 침묵이 치유의 기능을 할 때가 있다.
　　　조용한 해변가를 걷고, 깊숙한 산 속을 산보하고,
　　　　　맑은 시냇가에 가만히 앉아 있고,
　　　혼자 별을 바라보는 시간이 우리에게 필요하다.

버들강아지
오흥국

언 강에 여린 발 담그고
남쪽을 바라봅니다
겨울인 듯하니
봄인가 봅니다
먼저 보고픈 맘에
코 내밀어 봅니다
아직은 바람이 찬 걸 보니
조금만 더
기다리면 될 듯합니다
조금만 더.

10행의 서정적 자유시다.

버들강아지를 의인화하여 시를 완성했다.

보고픈 맘에 코 내밀어 보지만 바람이 차다.

조금만 더 기다려야 할 듯…

기다림은 희망을 안겨 줄 것이기 때문이다.

참 여유롭다.
빈자리가…
그의 여유는 그의 생각 속에서 나오는 말이다.
프랑스 철학자 베르그송의 말이 떠오른다.
"의식하는 존재에게는 맘의 여유가 필요하다."
오흥국 시인의 「여백」을 통해 느낄 수 있는 것은
"여유로 살라"는 말이다.

굳어 버린 도배공 누이의 야윈 아픈 손가락…
그리고 그 누이의 휘파람 소리
이 시가 주는 교훈이 있다.
희망과 낙망의 차이다.
우리의 가슴속에 희망의 등불이 켜져 있을 때
생의 용기를 갖게 되고, 의욕을 느끼게 된다.
성공하는 사람은 언제나 가슴속에 희망의 등불을 켜는 사람이다.

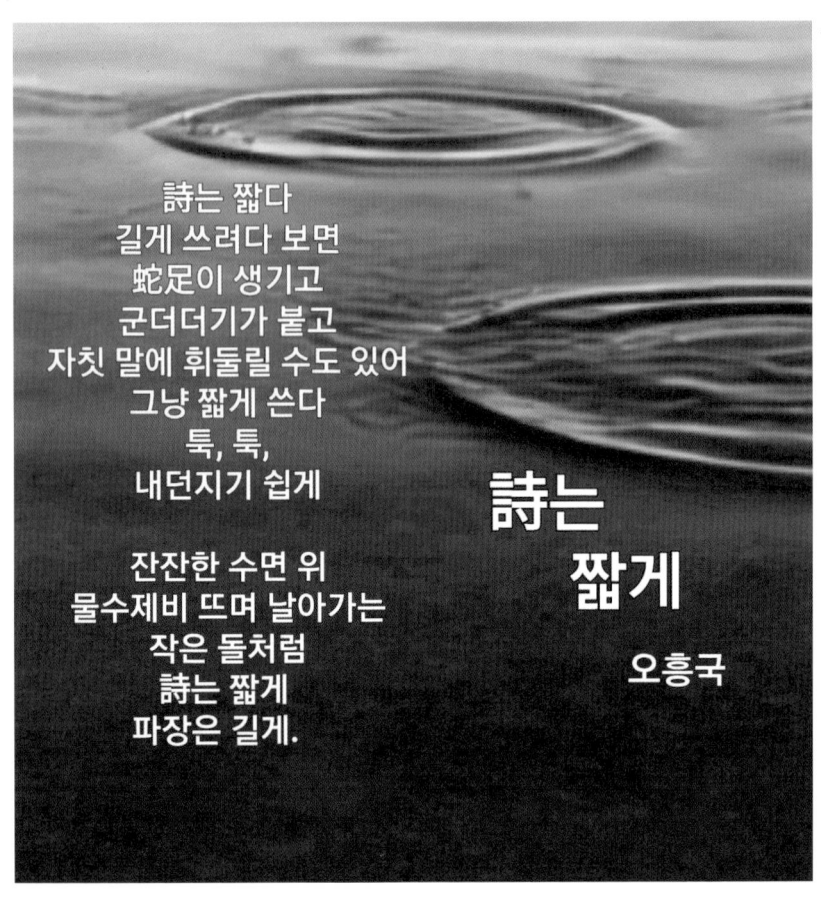

詩는 짧다
길게 쓰려다 보면
蛇足이 생기고
군더더기가 붙고
자칫 말에 휘둘릴 수도 있어
그냥 짧게 쓴다
툭, 툭,
내던지기 쉽게

잔잔한 수면 위
물수제비 뜨며 날아가는
작은 돌처럼
詩는 짧게
파장은 길게.

詩는
짧게

오흥국

문학 장르 중에서 언제나 시가 장자의 자리를 차지하고 있다.
그 이유는 요약 압축되어 있기 때문이다.
세계의 모든 명시는 짧다.
미국에서는 하드보일드 문장이, 일본에서는 하이쿠가,
중국에서는 오언율시, 칠언율시가 유행하고 있다.
한국에서는 민조시와 두줄시가 인기를 누리고 있다.
오 시인의 말대로 시는 짧아야 한다.
독자는 짧은 시를 선호한다.

靜寂(정적)

오흥국

참새 떼 몰려들어
쉼 없이 재잘대는 동백나무 울타리
재잘거림이 싸악 그친다
작은 발자국 소리
내딛으며
조그만 허물 하나
훌쩍 던졌을 뿐인데

고요한 순간
차암 길다.

어린 시절 대밭 속에 너른 마당이 있는
집안 할아버지 댁에 간 적이 있었다.
노닥이던 새떼소리 매우 시끄럽다가도
큰 새가 나타나거나 발자국 소릴 내면
조용해지던 것을 경험한 바 있다.
오흥국 시인의 「정적」을 읽으면서
그 시절을 되돌아볼 수 있는 시간을 가졌다.

국가보물 564호인 반원의 홍예교
'영산 만년교'를 바라보면서
오 시인은 말한다.
"열린 마음 가진 사람이 찾아올 것"이라고
기대하면서.

하늘을 더듬어 찾아온
詩人은 민달팽이

단번에 알아보고
반갑게 맞이하는
주인은 집달팽이.

오흥국

비교법적 시의 전개가 돋보이는 오행시다.
민달팽이와 집달팽이의 조우는
그저 반갑기만 하다.
만나서 좋고, 얼굴 봐서 좋고….

할배요 할배요
내가 맑은 것 하나 사 드릴게요

네가 무슨 돈이 있다고
괜찮다 괜찮다
말로만으로도 고맙다

아니 아니 나 삼천 원 있다
엄마 몰래 하루에 백 원씩 모았다
지난 몇 달 동안 할배 올 날만 기다렸다
할배 맑은 것 하나 사 주고파서

한참을 날 울렸다
어린 고아 아이와 어린아이 같은 할배 이야기
세상이 알 수 없는 아름다운 이야기

듣고 싶으시면 날 찾아오셔요.

세상이 알 수 없는 아름다운 이야기
오흥국

우리가 살아가는 이 세상에는
우리가 알지 못하고, 보지 못하고,
깨닫지 못한 일들이 수없이 많다.
그중의 한 가지
고아 아이와 아이 같은 할배 이야기가
그중 하나다.

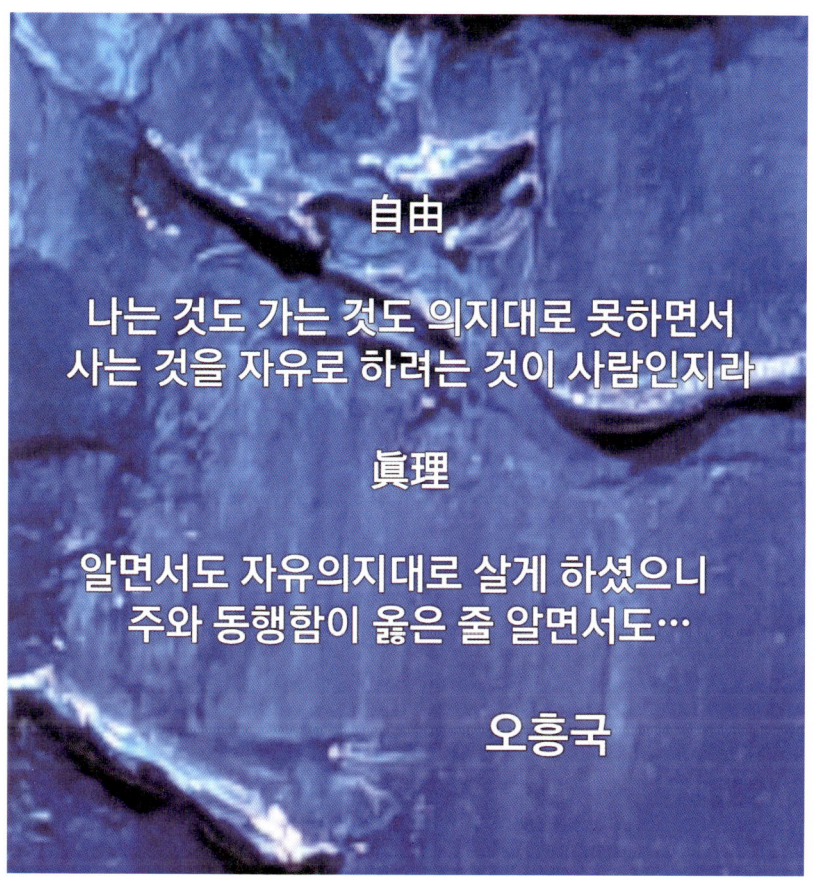

自由

나는 것도 가는 것도 의지대로 못하면서
사는 것을 자유로 하려는 것이 사람인지라

眞理

알면서도 자유의지대로 살게 하셨으니
주와 동행함이 옳은 줄 알면서도…

오흥국

자유하면 자유의 선교사 스코필드 박사가 떠오른다.
그는 1889년 영국에서 태어났다.
19살 때 캐나다 토론토로 가서 수의학과를 수석으로 졸업했다.
1916년 한국으로 와서 세브란스 의과대학 교수가 되었다.
그는 말했다. "한국인이여, 자유를 위해 싸워라."
그를 3.1독립선언서의 34인이라 일컫는 것은
한국인이 식민지에서 벗어나 자유의 한국인이 되기를 바랐기 때문이다.
1970년 4월 12일 81세로 영면했다.
그는 말했다. "내가 죽거든 자유의 한국땅 햇볕 따사로운 터에 묻어 달라."
그의 소원대로 그는 제2의 조국인 한국땅에 묻혔다.

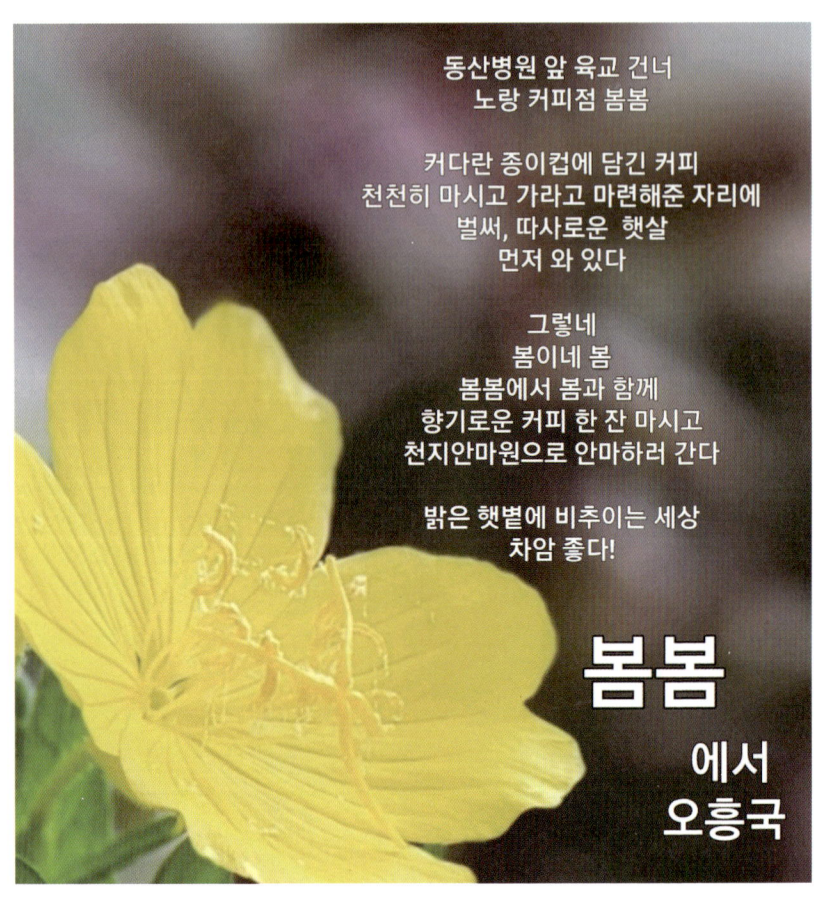

"노랑 커피점 봄봄"
오 시인이 천지안마원으로 가면서 잠시 들르는
노랑 커피점 봄봄을 가리키는 말이다.
따사로운 햇볕과 노랑 커피점 봄봄의 조화가
맞닿아진 서정이 어우러진 시다.

바다는
볼 때마다 하늘 보고
자기 닮았다 그러고

하늘도
허구헌 날 바다 보고
자기 닮았다 그러고

그럼,
하늘과 바다는 누굴 닮았지

그야, 당연히
만드신 이 마음 닮았지
쌍둥이니까.

하늘과 바다는 쌍둥이

오흥국

4연 11행의 서정적 자유시다.
바다는 하늘 보고 "자기 닮았다" 하고
하늘은 바다 보고 "자기 닮았다" 한다
두 쌍둥이는 누굴 닮았을까
만드신 분을 닮은 거지….

작품 평설

끊임없이 일하고 사람을 사랑하고
성취하고 이상을 추구하는 무던한 시인

김홍식
(시인, 문학평론가)

끊임없이 일하고 사람을 사랑하고
성취하고 이상을 추구하는 무던한 시인

김홍식 (시인, 문학평론가)

오흥국 시인을 생각하면 가장 먼저 떠오르는 어휘가 있다. 바로 '무던함'이다. 무던함의 사전적 의미는 '성질이 너그럽고 수더분하다'이다. 한마디로 너그럽고 넉넉하고 수수하다는 뜻이다.

그러니 그의 시를 보아도 무던함으로 가득 차 있다.

오흥국 시인을 만나 시에 대해서, 인생에 대해서, 자연에 대해서 얘기를 나누다 보면 그의 무던함을 느낄 수 있게 된다. 그의 성장사를 들노라면 김해에서 보낸 어린 시절과 성장해서 대학을 졸업하고 철강산업에 투신하여 일을 할 때도 그의 무던함은 계속되었다. 문득 공자의 말이 떠오른다. "나는 15세에 학문을 하기로 작정했고, 30세에 독립했고, 40세에 의혹이 없어졌으며, 50세에 천명을 알았고, 60세에 귀에 거슬리는 것이 없어졌고, 70세에 하고 싶은 행동을 하여도 도에서 벗어나는 일이 없게 되었다."라고 하였다. 이것이 공자의 인간성장사다.

오 시인과 비교하여 생각해 보면 지천명은 하늘이 그에게 맡긴 사명을 깨달았다는 뜻으로 해석되고, 또 하늘이 명하는 운명을 깨닫게 되었다는 의미로도 해석된다. 그런가 하면 그는 60세에 이순의 경지에 도달했다. 이순은 어떤 말을 들어도 귀에 거슬리지 않게 되었다는 것이다. 참으로 무던한 자전적 회상이다.

이제 오흥국 시인의 시를 살펴보자.

내 사랑하는 사람은요
그리 특별한 사람은 아니지요
그리 잘난 사람도 아니고요
그렇다고
그리 못난 사람은 더욱 아니랍니다
그저,
무던한 사람이지요
그런 사람이기에
사랑하는 거랍니다
― 「무던한 사람」 일부

이 시를 통해 생각해 볼 수 있는 것은, 이 땅에 살고 있는 모든 사람은 무던하게 살아가야 함을 깨닫게 해 준다는 사실이다. 너무 낙관해서도 안 되고, 너무 비관해서도 안 되며, 너무 성급해도 안 되고, 인생은 무던하게, 유유히 살아가야 한다는 것을 일깨워 주고 있다. 푸른 하늘을 유유히 흘러가는 흰구름을 보면 거리끼는 데가 없고 조급한 데가 없다. 생각해 보면 그렇다. 우리 인생의 행로는 일직선이 아니다. 굽은 길은 돌아가야 한다. 쉬어야 할 때는 쉬고, 달려가야 할 때는 달려가야 한다. 무슨 일이든 무리하지 않고 분수에 맞게 행동하며 무던하게 유유히 살아가야 한다. 그래서 오흥국 시인은 무던한 사람을 사랑한다고 밝혀놓고 있다.

다음으로 「간헐천」이란 시가 눈에 들어온다.

용솟음쳐 오르던 내 그리움
어느샌가 사그라든 줄 알았습니다
아주 오랜 시간 동안

하지만,
가슴이 마를 때마다
불쑥 불쑥 터지는
눈물은 그냥,
눈물인 줄 알았습니다.

한참 후에야 알았습니다
모두가
은혜의 바다를 사모하는
그리움의 강이었음을.

-「간헐천」 전문

   오흥국 시인의 중심을 가늠해 볼 수 있게 해 주는 시다. 오 시인의 그리움과 눈물의 의미가 담겨 있는 시다. 처칠의 말이다. "우리는 눈물을 흘려야 할 때 눈물을 흘리지 않으면 동물의 차원으로 전락한다. 땀을 흘려야 할 때 땀을 흘리지 않으면 빈곤의 나락에 빠진다."라고 했다. 오 시인은 한참 지난 후에야 그것은 "은혜의 바다를 사모하는 그리움의 강이었음을…."이라고 했다.

   오흥국 시인의 눈물과 관련된 시는 또 있다. 바로 「달의 눈물」이란 시다.

주르륵 또르륵
찌그러진 양은 주전자에서
아직 남은 막걸리가 따르어진다.
뿌옇게 일그러진 달이 되어

춤추는 그림자의 술잔에도
노인이 건지다 만 바다에도
그대의 숨겨진 눈에도

흘러 넘친다
뜨거운 달의 눈물이 되어.
-「달의 눈물」 전문

"주르륵 또르륵"으로 연결되는 어휘는 먼 옛날 어린 시절의 한 단면을 보여주고 있다. 찌그러진 양은 주전자에서 따르어진 막걸리, 둥근 잔에 채워지는 뿌연 막걸리를 오 시인은 일그러진 달로 표현하고 있다. 비교법적 시의 전개가 의미를 더해 주는 시다.

이어서 「간절한 소망」이란 시를 통해 오흥국 시인의 소망 속으로 들어가 보자.

눈이 어두워지니 먼저,
사람의 얼굴이 지워지고
이름이 가물거리더니
기어코

사람마저 잊혀지려 하네

어렴풋이 남은
따뜻한 온기마저 사라지지 아니하기를
간절히 소망합니다.
- 「간절한 소망」 전문

　오흥국 시인에게 있어서 간절한 소망은 "사람의 얼굴을 기억하고 이름을 기억하고, 어렴풋이 남은 따뜻한 온기가 사라지지 않기를 바라는 것"이다. 이 간절한 소망을 접하면서 선자에게 다가오는 것이 있었다. 그것은 "사람은 저마다 십자가를 지고 인생을 살아간다"라고 한 톨스토이의 인생독본에 나오는 한 구절이었다.
　생각해 보면 그렇다. 사람들은 저마다 자신이 져야 할 십자가가 있다. 십자가는 무거운 짐을 말한다. 견디기 어려운 고난의 시련과 피할 수 없는 운명을 뜻하는 것이다. 더 넓게 생각해 보면 한 시대에는 한 시대의 십자가가 있다. 한 민족에게는 한 민족의 십자가가 있다. 모든 이에게 십자가가 있다. 철인 스피노자는 20년 동안 결핵의 십자가를 지고 살아야 했다. 이 땅에 살고 있는 사람은 정도의 차이는 있지만 모두가 자신의 십자가를 지고 살아가고 있는 것이다. 가난의 십자가도 있다. 적빈 속에서 생활고와 싸워야 하는 사람도 있다. 또 같은 십자가를 어떤 사람은 용기와 의지로 이겨내는 사람도 있고, 포기하는 사람도 있다.
　하지만 우리가 생각해야 할 것은 이 십자가를 향상과 전진의 십자가가 되게 해야 한다는 사실이다. 오 시인은 간절한 소망을 가지고 인생의 십자가를 용감히 지고 승리와 영광의 골고다를 향해

변치 않고 올라가게 되기를 바라는 것이다. 그의 시의 테마대로 간절한 소망으로, 따뜻한 온기로 이겨내기를 바라는 것이다.

오흥국 시인에게는 「그리운 얼굴」이 있다.

> 잊으라시길래
> 애써,
> 잊으려 했는데
> 자꾸만 생각나는
> 그대의 따사로운 음성
>
> 차마,
> 멈출 수 없는 발길 돌려
> 뒤돌아봅니다
>
> 빙그레 웃는 그대 얼굴
> 잊을 수가 없어서.
>
> -「그리운 얼굴」 전문

오흥국 시인에게는 "그리운 얼굴"이 있다. 그 얼굴을 그리워하는 것은 "따사로운 음성"을 갖고 있기 때문이고, 또 한편으론 "빙그레 웃는 그의 얼굴 때문"이라고 밝혀놓고 있다. 따사로운 음성과 빙그레 웃는 얼굴은 외로운 사람에게 반려가 된다. 그래서 이런 사람은 늘 그리운 법이다. 그리운 얼굴이 있다는 것은 그의 심중이 정결하다는 뜻이다.

오흥국 시인의 또 다른 시 「어느 날 문득」을 읽으면 가슴이 철렁 내려앉는 듯한 느낌을 준다.

> 어느 날 아침 식탁에서
> 문득,
> 아내의 얼굴이 사라졌다
> 분명,
> 날 부르는 목소리도 들리고
> 손을 내미니 손도 잡히는데
> 홀연히 아내의 얼굴이 눈앞에서 사라졌다
> 마술처럼
> 어느 날 문득.
>
> -「어느 날 문득」 전문

참으로 가슴 철렁 내려앉게 하는 시다. 마음이 빈사 상태에 빠지게 하는 시다. 참으로 슬픈 시다. 선자도 이 시를 접하면서 어떤 평설을 해야 할지 몹시 걱정하면서 읽고 또 읽어 보았다. 영국의 철학자요 비평가인 루이스의 말이 떠올랐다. "슬픔을 위한 유일한 치료는 무엇이든 일을 하는 것이다." 루이스의 이 말은 슬픔의 치료법을 명시한 명언이다.

가만히 우리 삶을 두고 생각해 보면 그렇다. 천태만상의 삶 가운데는 여러 가지 슬픔이 있는 법이다. 또다시 생각해 보면 슬픔이 없는 인생은 없는 것 같다. 살아 있는 모든 것에 그림자가 따라다니듯이 우리 삶에는 슬픔이 따라다니는 것이다. 사랑하는 사람과의 이별, 부모와 자식의 죽음, 친구의 배신, 사업의 실패, 견디기

어려운 가난, 실직의 비극, 뜻하지 않은 사고로 인한 장애…. 이러한 모든 것이 우리 삶을 슬프게 하는 것이다.

어느 날 아침 식탁에서 아내의 얼굴이 사라졌다. 부르는 목소리는 들리는데, 손을 내미니 손도 잡히는데 홀연히 아내의 얼굴이 눈앞에 보이지 않는다고 생각해 보라. 참으로 큰 비극이 아닐 수 없다. 참으로 하늘이 무너지는 것과 같은 슬픔인 것이다.

그런데 영국의 철학자요 비평가였던 루이스는 이 슬픔에서 헤어날 수 있는 길이 있음을 밝혔다. "일을 하면 슬픔이 없어진다. 슬픔을 이기는 최상의 방법은 어떤 일이든 멈추지 않고 끊임없이 하는 것이다."라고 했다. 차이코프스키의 교향곡 「비창」처럼 슬픔은 우리의 심신을 침식한다. 그 침식은 마음의 빈사 상태를 말하는 것이다. 이것을 이겨내는 길은 오로지 하나, 일에 몰두함으로써 나의 슬픔을 잊어버리게 하라는 것이다.

사실 생각해 보면 그렇다. 시간도 슬픔을 치료하는 명약 중의 하나다. 시간이 흐르고 세월이 지나가며 슬픔은 점점 잊혀져 간다. 그래서 우리는 슬픔 속에서도 살아갈 수 있는 것이다. 일을 하는 것은 슬픔을 이기는 좋은 비결이다. 우리가 일에 전력할 때 슬픔의 감정은 잠이 든다. 세월이 지나가면 슬픔은 하나의 추억으로 변한다. 인간에게 견디지 못하는 슬픔은 존재하지 않는다. 슬픔의 힘도 크지만 슬픔을 이기는 보다 더 큰 힘을 오흥국 시인은 가지고 있다. 그것은 끊임없이 이어지는 그의 시 창작에의 열의다.

시 창작에서만 그치면 그 의미가 줄어들 수 있다. 그런데 오 시인은 창작된 시들을 정리하여 시집을 상재하고 거기에 시화전을 곁들인다. 선자가 알기로 그는 벌써 네 번째 시화전을 열었다. 그의 열정은 식을 줄 모른다.

프랑스의 휴머니스트요 위대한 작가인 로맹 롤랑의 말을 떠올리게 한다. "언제까지나 계속되는 불행이란 없다. 꾹 참고 견디며 용기를 내어 쫓아 버려야 한다." 그렇다. 종말이 없는 불행은 존재하지 않는다. 때가 오면 불행은 떠나간다. 불행을 이기는 방법은 오흥국 시인처럼 일에 몰두하면 된다. 용기를 가지고 극복해 나가야 하는 것이다. 불행은 나에게서 오래 머물지 않는다. 불행이 지나가고 나면 다시 행복이 나에게 찾아오게 되는 것이다.

세상의 모든 일은 다 때가 있다. 솔로몬이 쓴 전도서 3장을 보면 "날 때가 있고 죽을 때가 있으며, 하나님이 모든 것을 지으시되 때를 따라 아름답게 하셨고 또 사람들에게는 영원을 사모하는 마음을 주셨느니라 그러나 하나님이 하시는 일의 시종을 사람으로 측량할 수 없게 하셨도다"(전도서 3장 2절, 11절)라고 기록하고 있다.

오흥국 시인에게 있어서도 그렇다고 본다. 불행은 찾아올 때가 있고, 떠나갈 때도 있는 것이다. 불행 속에 있을 때, 어려움 속에 있을 때 우리는 참고 견디어 낼 줄 알아야 한다. 용기를 가지고 이겨 내야 하는 것이다. 이러한 차원에서 쓰여진 오 시인의 시가 있다. 바로 「빛그림」이란 시다.

> 하늘에서 빛이 내려
> 산이 되고 들이 되고
> 물이 되어 흐르고
> 열매 맺으며 사는
> 꽃과 사람 노래하는
> 내 詩는 빛그림이다.
>
> －「빛그림」 전문

참으로 경쾌한 시다. 4.4조의 리듬을 살려 빛그림이라는 오 시인만의 독특한 시어를 만들어낸 것이다. 그러면서 "꽃과 사람을 노래하는 나의 시는 빛그림이다"라고 했다. 빛은 전능자께서 무에서 유를 창조하실 때 가장 먼저 창조하신 것이다.

창세기 1장 3절 말씀을 보면 창조의 첫 번째 미라클이 빛이었다. 생각해 보라. 빛이 없으면 어둠 속에서 살아야 하는데 그것은 불가능한 일인 것이다. "빛이 있으라." 이 말씀의 성경적 의미는 어둠을 물리치고 질서를 세우는 상징적 미라클인 것이다. "빛이 있으라, 빛이 생겨라." 오 시인의 「빛그림」이란 시가 어둠에 처해 있는 사람들에게 그의 테마대로 빛그림이 되기를 축원한다.

다음으로 선자의 눈에 든 시가 있다. 「내가 좋아하는 詩人」이란 시다. 5연 27행의 비교적 긴 장시에 해당되지만 결코 길게 느껴지지 않는다. 그가 좋아하는 경주에 있는 경자 누나라는 시인에 관한 얘기다. 참으로 진솔한 시다. 삼십 년 동안 동해안 바닷가에서 대폿집을 열고 자식을 공부시킨 떳떳한 누님으로 밝혀놓고 있다.

보편적 삶을 살아온 시인 누나….

우리는 진리를 먼 데서 찾으려 한다. 높은 곳에서 구하고 큰 것만 탐구하려 한다. 그러나 이것은 단견이요, 편견이다. 사람이 사는 곳에는 아름다운 것이 있고, 좋은 것이 있다. 참되고 빛나는 것도 있다. 바로 경주 시인 경자 누나와 같은 삶을 산 사람이다. 사람이 사는 곳 그곳이 어디든지 간에 아름다운 것이 있고, 참되고 빛나는 것이 있는 법이다. 그것은 자연일 수도 있고, 그 속의 생물일 수도 있고, 인간의 말이나 행동인 경우도 있다. 그것을 발견하고 소중히 여기는 사람은 아름다운 사람이다. 상대를 소중히 여겨줄 줄 아는 사람이 아름다운 사람인 것이다.

　경주 시인 경자 누나를 생각하면서 시를 완성한 오 시인 그는 사람에게서 좋은 것을 발견하고 그 사람을 소중히 여겨줄 줄 아는 중심을 가진 사람이다. 그래서 그는 고상한 시인이다.

　오흥국 시인의 시를 대략적으로 평설해 보았다.
　이 땅에 존재하는 모든 것은 그 존재의 이유가 있다. 오흥국 시인은 시를 통해서 자기 존재를 증명해 내고 있다. 시화전을 통해서도 그렇다. 사람은 자신의 힘을 키우고 계발하고 표현해야 한다. 그것이 우리에게 부여된 높은 사명이기도 한 것이다. 선자는 오흥국 시인의 시를 통해서 그의 소박함을 찾을 수 있었다. 그의 시에는 과장이 없다. 그의 시는 화려하게 꾸미고 장식하지 않았다. 진실을 바탕으로 담담하게 시를 창작해 내고 있다.
　그렇다. 진실은 단순을 좋아하고 소박을 사랑하고 매우 자연스럽다. 오흥국 시인의 시가 그렇다. 그의 시에는 소박의 옷과 자연스러운 어휘와 성실의 시어가 담담한 표정을 지닌 채 웃고 있다. 시인의 정도를 걸어가고 있다. 오흥국 시인의 시에는 변칙이 없다. 그의 의미 깊은 시 창작과 시집 상재와 시화전에 큰 박수를 보내면서 독자의 사랑을 듬뿍 받게 되기를 빈다.